Yilin Illustrated Classics

有声双语经典

Wuthering Heights

呼啸山庄

[英国] 艾米莉·勃朗特 著

许丹 译

译林出版社

每一个灯光漫溢的夜晚

去年开始，京东图书商城的运营者们在网上做了一档很不错的栏目，叫作“大咖书单”，我记得是在第四期时，我为这份书单推荐了两本书，《杀死一只知更鸟》和《奇风岁月》，到第七期又推荐了两本，《老师，水缸破了！》和《天虹战队小学》。回过头一想，赫然惊觉，两次推荐的四本书，居然都是出自译林出版社。潜意识里我对这家出版社是有多偏爱啊，我那么自觉自愿地、一往无前地做了译林社的一名“吹鼓手”。

没有办法，喜欢就是喜欢，没有道理可讲。

喜欢译林出版社的书，其实是因为我喜欢外国文学作品。细究起来，我对外国文学的热爱，源自童年那个无书可读的时代。我在扬子江边一个小小的县城长大，我父母工作的学校是当地最好的县中，县中图书馆多少有一些藏书，“文革”开始的那一年，书籍和老师们一同被揪出来示众，之后老师们游街，图书拉到操场一把火烧毁。图书馆主任“火中抢栗”，偷出一纸箱运回家中。主任的儿子跟我小学同班，因此我沾了他的光，把他父亲秘藏的小说书一本一本地搬运出来，在一双双黝黑的小手中辗转一圈之后，再神不知鬼不觉地偷放回去。那位图书馆主任可能比较“崇洋媚外”，弄回家的小说大都是世界名著，我对于外国文学的兴趣，便是从那时开始的。

那时年幼，读书不求甚解，又因为是背着大人们的“偷阅”，读书过程基本是囫囵吞枣。很多书传到我手里的时候缺头少尾，只剩下中间三分之二的篇幅，精彩之处戛然而止，急得我抓耳挠腮。页码齐全的书，抓到手里翻开就读，书名是什么，作者何人，很奇怪地忽略不计，一点儿不想知道。及至十年之后我上了大学，外国文学开禁，我在北大图书馆发疯一样地狂读名著时，时不时会在心里惊叫一声：这本书不是我小时候读过的吗？于是，嗅着书中陈年纸张散发的潮湿气味，心里涌出一种老朋友失而复得的狂喜。也有一些书，童年时候莫名其妙地读过了，却是踏破铁鞋无觅处。它们就这样永远地从我的生活中消失了，像无数消失在我生命旅途的朋友和家人。

高二那年，妹妹的同学借了我一套肖洛霍夫的《静静的顿河》。在我的生命中，那是一次飞跃，此后的这么多年我以文学为生，应该与那一次的阅读震撼有关。书中的那个哥萨克人格利高里，很长时间中成为我欣赏男性的标准。书中描写的顿河风光，至今都在我的脑子里鲜活和闪亮。

十九岁，我在农场插队。一个飘雪的冬夜，农场宣传队在场部排练节目时，电突然停了，礼堂里一片漆黑。一个只读了三年小学的农场工人对我们说："我来讲个故事吧。"他讲的那个故事叫《茶花女》。一直到今天我都觉得那个晚上的情景像梦。在那个不准读书的年代，那个没有文化的乡村，初小没有毕业的农民居然讲出法国作家小仲马的名著。那个漆黑凄美的冬夜，从此也深深刻印到我的记忆之中。那是我第一次领略悲剧作品的魅力。几年之后，时代剧变，我买到了《茶花女》的小说，听过了《茶花女》的歌剧，看过了同名电影，我从一切形式的《茶花女》中寻找那个雪夜的感觉，然而再不可能，最好的都是唯一的。

一九七八年初春进入北大，那一年外国文学还没有开禁，北大图书馆里辟出很小的一个房间作为"外国文学阅览室"，每星期三的下午，允许中文系文学专业的学生凭学生证进入阅读。我的印象中，那间阅览室只能容纳十几二十几个学生，每次开放，排在前面的同学才有机会被老师放进门去。于是那一年的“星期三”成了我们的排队日，匆忙吃过午饭，碗都来不及洗，拔脚往图书馆飞奔，一行人安静地在阅览室门外排队，等待两点钟开门放人。除却寒暑假、节日、有课的日子、有重要活动的日子，剩下的“星期三”并不是很多，所以每一次的阅读时间弥足珍贵。一书在手，全身心地扑上去吞食，每每到五点钟闭馆交书，站起身来，头晕目眩，虚脱的感觉。那种阅读，耗出去的不仅仅是脑力，还有巨大的体力。

一九七八年，人民文学出版社开始重印外国文学名著。刚开始的时候人多书少，全班同学轮流着到海淀新华书店通宵排队购书。那时年轻，通宵不眠为了买一本书，丝毫不觉辛苦。慢慢地书越出越多，时常到书店转悠，冷不丁地就碰上新书上架。排长队是不必了，痛切的感觉是口袋里钱太少。那时发下的心愿是哪一天发了财，可以把书店里的新书都掳回来。转眼三十年过去，谈不上发大财，买书是可以不计价钱了，可是看着书店里铺天盖地的图书，想到书架上还有很多书不及阅读，解囊的兴致少了许多，挑挑拣拣，带个一两本回家，心中并没有太多欣喜。人生的悲哀真正是无处不在。

还是回到一九七九年。印象之中，《世界文学》《外国文艺》《译林》这些杂志都是在那时候陆续复刊和创刊的。这些刊物着重介绍外国现当代文学，并且以中短篇幅的为主，对于习惯了阅读古典长篇的我们，眼前似乎又打开了另外一个世界。我非常清楚地记得，同班同学陈建功有一次读到格雷厄姆·格林的短篇《永远占有》，佩服得五体投地，双眼发光地跑来跟我们说："我真想跪在格林面前向他致敬！"

童年的阅读实在重要，它奠定了一个人终生的阅读口味。检点我书架上的书籍，百分之八十是外国文学作品。我曾经订阅过的刊物，有《世界文学》《外国文艺》《译林》《译文》《世界电影》……统统跟外国文学有关。几十年中，每一个灯光漫溢的夜晚，阅读这些缤纷华彩的文字，感觉世界离我很近。文字中写到的每一个角落，都是我心灵去过的地方。我占有了这些作品，我就占有了这个世界。

在我的印象中，译林社出的每一本书，无论是社科类的，还是人文类的，都值得读者收藏。而在译林社所出的文学类图书中，外国儿童文学作品又属精品中的精品，比之国内大多数专业少儿社所出的图书，译林社的视野更宽，选择标准更高，口味也更纯粹。很敬佩译林社的众多编辑们，他们敬业而又专业，总是能从全世界浩如烟海的各类书籍中挑选出最值得国人阅读的那一部分，延请最好的翻译家、最好的画家和设计师，做出一本又一本端庄而精致的图书，送到读者的面前。每次徜徉在灯光明亮的书店，或者打开手机上网搜索，译林社的新书总是我最中意的目标，我信赖译林社的出品，而且基本上不会失望。

翻开这套“有声双语经典”的书目，里面的作家和作品都是我熟悉的名字。有些书是在童年和少年时代各种侥幸落入我的手中的，有些是读大学时列入必读书单需要细读的，还有一些，比如《小王子》，比如《绿山墙的安妮》，少年和青年时代居然都错失了它们，是我在人到中年之后才补读完成。更有一部分，年轻时读过，花甲之年又重新捧起，是为了重温之后可以为我的小外孙女们详细讲解。在此我愿意把这些书目推荐给小读者们，是因为这样的一套书当之无愧地应该成为你们最好的朋友，会帮助你们更加优雅地长大。

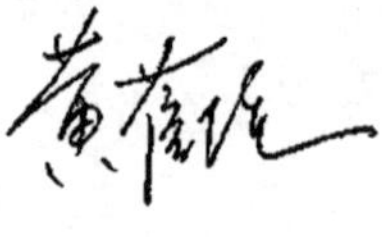

作品导读

《呼啸山庄》是英国作家艾米莉·勃朗特唯一一部长篇小说，以“埃利斯·贝尔”的笔名首次出版于1847年，后经作者的姐姐夏洛蒂·勃朗特编辑之后，于1850年出版第二版。小说描述了英国西约克郡荒野上两个家族跨越两代人之间的爱恨情仇。全书充满了强烈的爱恨和反抗精神，弥漫着离奇、紧张的浪漫氛围，以其恣意的想象、强烈的风格在19世纪的英国古典小说中独树一帜。

本书讲述的故事具有三十多年的时间跨度，描写了恩萧和林顿两家两代人的感情纠葛，呈现出错综复杂、惊心动魄的故事效果，展现了高超的叙事技巧。它放弃了传统小说那种平铺直叙的线性叙事结构，也没有采取完全的倒叙手法，而是别出心裁地选择从故事的中间开始讲起，并采用房客洛克伍德这样一个局外人的视角，由亲身参与故事其中的管家迪恩夫人讲述，为我们展开了两个家族之间复杂的人物关系和故事。这种一边展现过去，一边向未来推进的叙事手法，为我们了解整个故事的面貌，更好地理解人物的心理和动机，提供了很大的帮助。

书中最吸引人的就是凯瑟琳·恩萧和孤儿希斯克利夫之间的爱情悲剧。勃朗特刻画的希斯克利夫是一个极其复杂的人物，他阴郁、冷酷、不近人情，由于悲苦的身世、辛德雷的虐待以及凯瑟琳的背叛而终其一生都在寻求复仇。在冷漠的外表和残忍的手段之下，他的内心却怀着对凯瑟琳强烈深沉的爱，偶尔流露出的脆弱和痛苦让我们不禁对这个恶魔似的人物产生一定的同情。凯瑟琳是另一个复杂的人物，她时而温柔，时而狂暴。两人由于相似的灵魂而萌发出暴风雨般猛烈的爱情，但凯瑟琳却出于虚荣背叛了希斯克利夫，选择嫁给社会地位更高的埃德加·林顿，自此开启了两代人的悲剧命运。在故事最后，看到哈里顿和小凯瑟琳友好地相处，希斯克利夫放弃了复仇，以死来表达对凯瑟琳生死不渝的爱。爱与恨的对立在此时消解，人性由此复苏。

小说问世之初，遭受了诸多非议。粗粝的风格、怪诞的环境描写、神秘的哥特气息，以及人物在精神和肉体上所遭受的残酷折磨，都让这本书蒙上了极度阴郁的色彩，显得不同寻常。除此之外，它以强烈的爱恨、无情的复仇作为主旋律，挑战了维多利亚时代的道德、宗教和阶级体系。这一切都让人们对它的评价褒贬不一。直到19世纪末，随着艾米莉传记的出版，人们开始重新认识这部奇书的价值，认识到其宏大的视野和杰出的文学技巧。甚至有人评价艾米莉·勃朗特的天才盖过了她的姐姐——《简·爱》的作者夏洛蒂·勃朗特。进入20世纪后，这部书在文学评论界引起了经久不息的讨论，英国著名现代主义作家弗吉尼亚·伍尔夫肯定了《呼啸山庄》的伟大，小说家毛姆更是将其列为世界文学十部最佳小说之一。

总之，小说奇特的结构、鲜明的人物形象、高超的叙事技巧，以及作品独特的主题和风格，使其成为一部耐人寻味的经典作品，吸引人们一再地研究它。小说中对于人类普遍情感的关切使其超越了时代，在世界经典文学殿堂拥有了一席之地。今天，《呼啸山庄》被改编为一系列影视、戏剧、音乐作品，在不断的重新演绎中彰显出永恒的艺术魅力。

（许丹/文）

作家简介

艾米莉·勃朗特（Emily Brontë，1818—1848）是英国维多利亚时代的一位诗人和小说家。她与《简·爱》的作者夏洛蒂·勃朗特以及《艾格妮丝·格雷》的作者安妮·勃朗特是三姐妹，在19世纪的英国文坛大放异彩。除了小说，她还与姐姐夏洛蒂和妹妹安妮一起出版过一部诗集，在其中展现了自己不凡的诗歌才华。她以“埃利斯·贝尔”的笔名出版作品。

勃朗特三姐妹出生于贫苦的牧师家庭，在寄宿学校长大。受父亲的影响，姐妹几个养成了良好的读书习惯，在夜晚常常以读书、写作来打发时光。母亲去世后，姐妹们以教书或做家庭教师来贴补家用。艾米莉沉默寡言，内心却涌动着不安的情绪和困惑，对于许多事物都有自己独到的见解。她把心底的痛苦借由小说中的人物淋漓尽致地发泄出来，由此诞生了《呼啸山庄》这部非凡的作品。1847年，三姐妹的小说相继问世，然而只有《简·爱》大获成功，《呼啸山庄》在当时并未受到重视。

1848年，艾米莉·勃朗特在乡村学校任教，因肺病离世，年仅30岁。她一生短暂，既未接受过系统的教育，也没有爱情婚姻的实际体验，人们惊叹于她能写出《呼啸山庄》这样深刻奇特的爱情作品。除了长篇小说，她还写下了大量诗篇，在其中释放了自己内心无处安放的强烈情感，不管是在内容主旨还是艺术手法上都显示出超前的创新精神。进入20世纪后，《呼啸山庄》得到人们的重新认识乃至极高的赞誉，艾米莉的天才终于被挖掘出来，由此奠定了她在英国文学史乃至世界文学史上的地位。

（许丹/文）

目 录

第1章

1801年。我刚拜访完我的房东回来——在这片美丽的乡村，就是这个孤零零的邻居将要给我惹上麻烦！我骑马走上前去时，他想象不到我的心里对他怀着怎样的善意。

“希斯克利夫?”

对方点了点头。

“洛克伍德，我是您在画眉田庄的新房客，先生。”

“进来。”但这邀请却是咬着牙说出来的。直到马的胸脯结结实实地撞上栅栏，他才伸手给马松了绳。他带领我沿着堤道往前走，我开始对这个比我还要寡言少语的人产生了兴趣。

“约瑟夫，牵好洛克伍德先生的马，拿些酒。”他喊道。

约瑟夫是位老人，年纪很大了。“老天救救我们！”他小声自言自语，从我手中接过马。

呼啸山庄是希斯克利夫的房屋的名字。“呼啸”是当地方言，描述那里恶劣的天气。房主看起来像个深色皮肤的吉卜赛人，穿着举止却是位绅士；身材挺拔潇洒，气质却极沉郁。通过门外的一级台阶，我们踏进屋里的起居室。

在海边享受一个月的好天气期间，我认识了一个迷人的姑娘：在我眼中，她是一位女神，只要她别注意我。

我在壁炉边坐下，为了填补这一刻的沉默，伸手去摸狗。狗凶狠地溜到我的腿后，龇着牙，看起来要咬人了。我的摩挲让它低吼了好一阵子。

“你最好别惹它。”希斯克利夫先生低吼道，跺了下脚来警告狗。“它可不习惯被惯着。”

约瑟夫在酒窖深处咕哝个没完，但一直没有现身。他的主人下去找他，留下我和那条狗，还有两条阴郁的毛发杂乱的牧羊犬。我一动不动地坐着，但不幸的是，随后开始不停地朝狗挤眉弄眼做鬼脸。于是，我惹恼了那条母狗，它突然暴怒起来，一跃跳上我的膝盖。

我把它甩了回去，赶紧把桌子挡在我们之间。

“搞什么鬼?”希斯克利夫回来时问。

“没错！搞什么鬼！”我嘟囔道，“您竟然让一个陌生人和一窝野兽待在一起！”

“要是不碰它们，它们不会惹你的。”他说，“狗这么警惕是有道理的。喝杯酒吧。”

回家之前，我决定主动提出再拜访一次我坏脾气的房东，尽管他似乎不太乐意。

昨天下午，天气阴冷潮湿。我有意坐在书房的火炉边消磨时光，不愿踩着长有石楠的泥地去呼啸山庄。然而，午餐过后，我踏进书房，看见一个女仆跪在地上，身边是几把扫帚，搞得房间里灰尘弥漫。于是我拿上帽子，走了一段长长的路，在雪花降落之前，及时赶到了希斯克利夫的花园门前。

天气冷极了，土地都上了冻。我朝老仆约瑟夫喊了一会儿，最终一个农民模样的年轻人给我开了门。

“请坐。他马上就来。”

熊熊炉火让整间屋子散发着怡人的光彩。在为丰盛的晚餐支起的桌边，我很高兴可以观察那位小姐。在此之前我还没有注意到她的存在。我鞠了一躬，等着她示意我坐下。她看着我，靠在椅子上，什么也没说。

“糟糕的天气！”我说，“希斯克利夫夫人，我花了好大的力气才叫动您的仆人。”

她一言不发。我盯着她，她也冷冷地盯着我。令人非常尴尬和不安。

房间里坐着这位小姐，一动不动，沉默不语。她身材苗条，还未度过少女时期，拥有一张我所欣赏的非常精致的小脸。倘若她露出令人愉快的表情，她的眼睛将让人为之倾倒。但它们流露出的唯一感情却介乎轻蔑和一种绝望之间。那个带我进来的年轻人穿着一件破旧的夹克。他站在火炉前，从眼角打量着我，似乎怀疑我想要向那女孩示好。希斯克利夫走了进来，让我从这种不舒服的状态中解脱出来。

希斯克利夫粗鲁地要了一杯茶。我断定自己真的不喜欢他。我试图再次开启谈话，但陷入了麻烦。起初我以为那个女孩是希斯克利夫的妻子，后来又以为她和那年轻人是夫妻，年轻人是希斯克利夫的儿子。

我被粗暴地纠正了。那女孩是希斯克利夫的儿媳妇，但她的丈夫去世了，希斯克利夫的妻子也已故去。年轻人名叫哈里顿·恩萧。

跨过门槛前，我注意到大门上有“哈里顿·恩萧”的字样，还有日期“1500年”。显然，这地方有一段历史。

自我进入这所房子，雪已下得很深了。在暮色中穿过沼泽回去是不可能了。

我请求派一位向导，好能平安回家，却被拒绝了。希斯克利夫认为让哈里顿照顾马是更重要的事。约瑟夫显然是个宗教狂，正与女孩争论。她装作巫师吓唬他。老仆不喜欢看到她读书。

我走开了，没有人注意到我。我想拿只灯笼，但约瑟夫十分无礼，竟然控诉我偷灯笼，还放狗咬我。我受尽侮辱，但希斯克利夫和哈里顿却大笑不止。厨子希拉带我进屋，说我可以在这里过夜。

希拉悄悄地把我带到一个房间，告诉我希斯克利夫不喜欢这个房间被占用。她才在那里生活了几年，所以不知道原因。

于是，我在呼啸山庄一个被弃用的房间里的老式卧榻上过夜。我发现，油漆面上刻了很多“凯瑟琳·恩萧”“凯瑟琳·希斯克利夫”，还有“凯瑟琳·林顿”这样的名字。房间里堆了很多书，破破烂烂的。因为无法入睡，我翻了翻这些书。其中一些书上写着“属于凯瑟琳·恩萧”。在空白页和页面边缘，是孩童稚嫩的笔迹，定期写着日记。我念道:“辛德雷真可恶！希斯克利夫跟我想要反抗……我做梦也没想到辛德雷会让我哭成这样！可怜的希斯克利夫！辛德雷叫他流浪汉，不让他跟我们坐一起，也不让他跟我们一起吃饭。”

显然，希斯克利夫之前是个流浪儿，被凯瑟琳的父亲收养了。他被当成家人抚养。但父亲死后，辛德雷把希斯克利夫当仆役使唤，还威胁要把他扔出去。这让凯瑟琳感到伤心。

后来，在翻看一本宗教书时我睡着了，做了一个噩梦。梦中，一个牧师带着一群暴徒。我醒过来，发现梦中听到的声音原来是一根树枝刮擦窗户发出的，于是又睡着了。这次我梦见我想打开窗户，拨开树枝。但当我打开窗户，一只冰冷的小手抓住我的胳膊，一个声音啜泣道："放我进来。"

我问是谁。对方答道："凯瑟琳·林顿。我要回家。我在荒野里迷路了。"我看见一张孩子的面孔。出于害怕，我把那孩子的手腕在破了的窗玻璃上来回拉扯，直到鲜血把床单浸湿。终于我摆脱了它，决心不能让这小东西进来，尽管它声称自己已经迷失了二十年。

我尖叫着醒来。

急匆匆的脚步声离我的房间越来越近。有人把门推开，一道微光从床顶的方洞处照进来。我战栗着坐在那里，用手去抹前额上的汗珠。闯入者似乎有些犹豫。最终，他用一种半是耳语的语气问道："有人在这儿吗？"显然并不期待有人回答。

我想最好还是承认自己在这儿。我认得希斯克利夫的声音，于是转身打开卧榻的镶板。

希斯克利夫穿着衣裤站在门边。蜡烛正在滴蜡，滴到他的手上。他的脸和身后的墙一样苍白。橡木镶板的第一声响像电击一样击中了他。蜡烛从他手上跳了出来，他十分愤怒，几乎没法把它拾起来。

“只是您的客人，先生。”我叫了出来，免得他因进一步暴露出自己的胆怯而感到羞耻。“我做了一个可怕的梦，在梦中叫出来了。抱歉吵到你了。”

“天哪，洛克伍德先生！”因为无法稳稳握住蜡烛，他把它放在椅子上。“谁带你来这间屋子的？”他咬牙切齿地问，“是谁？我可要把他扔出这座房子！”

“是希拉。”我说，站在那里，快速穿上衣服。

我把刚刚发生的事情告诉了他，提到了那个梦，还有凯瑟琳·林顿的名字。这惹恼了希斯克利夫，让他感到十分痛苦。

我往厨房走去。路上听到希斯克利夫在窗边绝望地恳求“凯茜”进来。

“进来吧！进来吧！”他啜泣道，“凯茜，来吧。唉，来吧，再来一次！啊！我心爱的！这次就听我的吧，凯瑟琳，最后一次！”狂风卷着雪花吹进来，吹灭了蜡烛。

主人显而易见的痛苦让我不知所措。他在悲恸和呓语中流露出的极大痛苦让我动容。我一面因为听到他的话而生气，一面又因诉说了自己的噩梦而感到烦躁不安。我小心翼翼地走下楼，走进后院的厨房。那里有一团火光，我再次点燃蜡烛。四下没有任何动静，除了一只灰猫“喵”的一声从灰堆里爬出来。

到了早上。我看见希斯克利夫和那个读书的女孩吵了起来。希斯克利夫威吓她，她表示反抗。希斯克利夫陪我在雪中走了一大段路回家。

我的管家和仆人冲出来迎接我，惊呼他们以为我昨夜不幸身亡。我示意他们安静一些，麻木地拖着腿走上楼梯。我换上干衣服，来回不停地踱步了三十分钟，好让我的四肢暖和起来。随后我退到书房，像只小猫一样虚弱。我太虚弱了，就连欢快的火苗和仆人为我准备的热气腾腾的咖啡都无法让我高兴起来。

此番冒险让我感到厌倦，也有些虚弱。那天晚上，管家奈莉·迪恩夫人给我送晚餐时，我问她为何希斯克利夫要把画眉田庄出租，宁愿住在那样一个地方。

“他完全有钱住一所比这更好的房子，”迪恩夫人说，“但他非常吝啬。年轻的希斯克利夫夫人是我已故主人的女儿，凯瑟琳·林顿是她婚前的名字。是我把她养大的，可怜的孩子。哈里顿·恩萧是她的表哥，是这个古老家族的最后一个了。”

“希斯克利夫一定经历过一些起落，才让他变成现在这样一个吝啬鬼。你知道他以前的事吗？”

“先生，我知道所有的事，除了他的出生地、亲生父母，还有他是如何发家的。哈里顿·恩萧像只小麻雀一样被扔了出去。”

“你能跟我讲讲吗？行行好，坐在这儿聊会儿吧。”

“啊，当然，先生！我去拿一下我的针线活儿，然后您想让我坐多久都行。但是您感冒了，一定得喝点燕麦粥祛祛寒气。”

这个可敬的女人匆忙走出去，我靠在火边蜷缩起来。我感到脑袋发热，浑身冰凉。更重要的是，我的神经和大脑又兴奋异常，唯恐今天和昨天的事会有什么严重的后果。她回来了，端着一个热气腾腾的盆，还有针线篮子。她把盆子放在炉台上，坐下来，讲了起来。

第2章

来这里之前，迪恩夫人讲道，我几乎一直待在呼啸山庄。我的母亲带大了辛德雷·恩萧先生，也就是哈里顿的父亲。过去我干杂活儿，和孩子们玩耍。一天，老恩萧先生，也就是哈里顿的祖父，去了利物浦。他答应儿女辛德雷和凯西，给他们每人带一件礼物。他去了三天。三天后，他回到家，大衣下面的胳膊上抱着一个脏兮兮的、衣衫褴褛的黑发小孩。那孩子挺大了，能跑能说话，但只能说一些含含糊糊的话语，没人听得懂。他说，这孩子在利物浦的街上忍饥挨饿，无家可归，他就把他捡了回来。恩萧夫人都准备把他扔出门外，但恩萧先生让她给他洗澡，穿上干净衣服，和孩子们睡在一起。孩子们的礼物被遗忘了。希斯克利夫，他们这么叫他，就是这样来到呼啸山庄的。

凯西小姐和希斯克利夫很快走得很近，但辛德雷讨厌他。他是个忍耐力强又沉闷的孩子，挨打时眼都不眨一下，也不掉一滴眼泪。起初，他让这个家里产生了不好的情绪。老恩萧莫名地喜欢他，辛德雷觉得他抢走了父亲的爱。希斯克利夫对别人的善意无动于衷。比如，恩萧给了他们每人一匹小马。希斯克利夫挑了最好的一匹。这匹马后来瘸了，于是他抢走了辛德雷的马。辛德雷朝他身上扔了一只沉重的马镫，希斯克利夫威胁说如果他得不到那匹马，就要把这件事告诉恩萧。

凯茜是个野丫头，长着一双美丽的眼睛，拥有一副甜美的笑容，还有整个教区最轻盈的步伐。她非常喜欢希斯克利夫。

恩萧渐渐老了，疾病缠身。病痛让他变得易怒，而且不知为何，总是觉得人们不喜欢他最爱的希斯克利夫。为了让恩萧高兴，希斯克利夫被宠坏了。这种境况让辛德雷感到越来越痛苦，他离开家去读了大学。约瑟夫运用自己在宗教上对恩萧的影响，让他远离自己的孩子。恩萧觉得辛德雷一文不值。他也不喜欢凯茜爱嬉闹和总是兴高采烈的个性。临终的日子里，他脾气暴躁，对什么事都看不惯。

凯茜太喜欢希斯克利夫了。我们能想到的对她最大的惩罚就是把她和他分开。但是她因为他而受到的责备是我们中最多的。玩耍时，她喜欢发号施令。但我无法听任她打我，使唤我。所以我会叫她明白。

如今，恩萧先生对自己的孩子一直都很严厉和严肃。凯瑟琳不明白自己的父亲怎么比以前更容易生气，更没耐心了。他的责备反而激发了她顽皮的个性，促使她故意惹恼他，好从中获得乐趣。没有比我们一起责备她更让她开心的了。她对希斯克利夫的支配力比她父亲还要大。她吩咐什么那男孩就做什么。淘气一整天后，她有时晚上会去父亲那里撒撒娇，寻求和解。

“不，凯茜，”老人会说，“我没法爱你。你比你的哥哥更坏。”起初，这番话会让她哭泣。但被持续不断地指责后，她的心肠变硬了。要是我让她道歉，她会大笑起来。

那一刻终究还是来了。十月的一个傍晚，老恩萧静静地躺在火炉边的椅子里。凯茜把头靠在他的膝上，希斯克利夫躺在地板上，头枕着她的大腿。一阵狂风在屋子周围呼啸，从烟囱里发出咆哮声。大家都在那儿。我忙着织东西，约瑟夫在读他的书。

整整半个小时，我们都跟耗子一样安静。之后约瑟夫站起身来，说他得叫主人去睡觉了。他叫了声他的名字，碰了碰他的肩膀。但他没有动。于是他拿起蜡烛，打量着他。他放下蜡烛的时候，我感觉出事了。他抓住孩子们，小声跟他们说快上楼去，别出声。他还有事。

“我要先跟父亲说晚安。”凯瑟琳说，用胳膊搂住他的脖子。她立刻尖叫起来：“啊，他死了，希斯克利夫！他死了！”两人放声大哭，哭声让人心碎。

我也跟他们一起恸哭，但约瑟夫让我去找医生和牧师。我不知道找他们还有什么用。但我还是冒着风雨去了，把医生带了回来。牧师说他第二天早上再来。

我到孩子们的房间里去，发现他们一直没躺下，尽管当时已经过了午夜。但他们安静了些，不再需要我的安慰。小家伙们用比我能想到的更好的想法互相安慰着。

第3章

本来在读大学的辛德雷突然回家来了。他带上了自己的妻子，那个女人对死亡有着一种奇怪的恐惧。辛德雷的言谈举止和规矩也跟以前不一样了。他让用人们住在下等房里。最重要的是，他拿希斯克利夫当用人看。他不再让他接受教育，打发他去田里干活，跟农场小子一样。起初，希斯克利夫并不在意，因为凯茜会教给他自己学到的东西，并且在田里和他一起干活，一起玩耍。

他俩尽可能躲着辛德雷。他们就这样不加约束地跟粗人一样长大了。他们最喜欢做的事是在早上跑到荒野去，在那里待上一整天。惩罚对他们来说不过是一件可笑的事。

一天，接受惩罚后，他俩离家出走。到了夜里，希斯克利夫回来，告诉我发生了什么。希斯克利夫和凯茜跑去画眉田庄，去看那里的人是怎么过活的。在一个漂亮的房间里，他们看到林顿家的孩子埃德加和伊莎贝尔。他们因为争执谁能抱宠物狗而正在大哭。希斯克利夫和凯茜对这种行为感到不屑，被逗乐了，笑了出来。林顿听到他们的声音，于是大声叫他们的父母。凯茜和希斯克利夫发出吓唬人的声音后，试图逃跑。但是一条斗牛犬咬住了凯茜的腿，不愿松开。她让希斯克利夫快逃，但他不愿把她丢在那儿，努力想撬开那畜生的嘴。

林顿先生和夫人把他们当成了贼，把他们带到屋里去。埃德加认出凯茜是恩萧小姐，林顿家对这两个孩子的粗野行为表达了厌恶，特别是希斯克利夫竟然获准和凯茜待在一起。

希斯克利夫被拖到花园里去，门被上了锁。但希斯克利夫暗中监视着他们。因为如果凯瑟琳想离开，他就要把他们的大玻璃窗砸个粉碎，除非他们放她出去。

凯瑟琳静静地坐在沙发上。林顿夫人把她的斗篷脱下。女佣端来一盆热水，给她洗了脚。林顿先生给她调了柠檬酒。伊莎贝拉把一碟饼干倒在她怀里，埃德加张着嘴傻站在一边。他们把她美丽的头发擦干，梳好，又给她拿来一双大拖鞋。他们把她推到火炉边。她感到很快活。她让林顿一家空洞的蓝眼睛里焕发出一丝光彩——是她迷人的脸庞所引发的一点微弱的反射。他们傻傻地对她满怀钦慕。对他们来说，她高高在上——对世上每个人都是如此。

在确保凯茜一切安好后，希斯克利夫步行回到呼啸山庄。

这次冒险让恩萧大为光火。第二天，林顿先生登门拜访，给辛德雷上了一课，告诉他自己是怎么教导家人的。希斯克利夫没有被鞭打。但他得到警告，但凡他对凯瑟琳小姐说出一个字，就会被赶出家门。恩萧夫人试图把凯茜和希斯克利夫分开。凯茜要在林顿家再待一段时间，给腿养伤，而希斯克利夫被禁止跟她说话。

凯茜在画眉田庄待了五个星期，一直到圣诞节。那时，她的脚踝痊愈了，言谈举止也大大改善。恩萧夫人常去看她，给她带去精致的衣服，讲恭维的话，以此开始对她的改造计划。对于这些，凯茜都欣然接受。

等她回家的时候，她已经变成了一位年轻的淑女。那些狗冲上前去，她的眼睛里闪烁着喜悦的光芒。但她几乎不敢碰它们，唯恐它们的爪子伸到她华美的衣服上。她轻轻地亲吻了我。当时我正在做圣诞蛋糕，浑身都是面粉，她没法给我一个拥抱。之后她开始四处寻找希斯克利夫。恩萧先生和夫人焦虑地监视着一切。

“希斯克利夫，过来，”辛德雷先生叫道，希斯克利夫的局促让辛德雷很是高兴，“过来欢迎凯瑟琳小姐，跟其他用人一样。”

凯茜飞奔过去抱住他。她在他脸颊上亲了七八下才停下来，然后大笑着嚷道：“怎么回事，你满脸的不高兴！真是又可笑又可怕！但那是因为我看惯埃德加和伊莎贝拉·林顿了。好啊，希斯克利夫，你把我忘了吗？”

羞耻和自尊心让他一言不发。

“握下手吧，希斯克利夫，”恩萧先生说，“就这一次，是允许的。”

“不要，”那男孩终于说话了，“我受不了再叫人笑话了！”他本想走开，但凯茜小姐再次抓住了他。

“我没想笑话你，”她说，“起码握个手吧！你为什么不高兴？你只是看起来太脏了！”

她关切地看着她握住的黑乎乎的手指，也担忧地看了看自己的裙子。她怕裙子被弄脏了。

“你没必要碰我！”他回答道，抽走了自己的手。“我愿意有多脏就多脏。我喜欢脏，我就是要脏。”说完他冲出了房间。

她不在的时候，那男孩越来越受到忽视。残忍的是，辛德雷特别是凯茜新习得的优雅举止，时刻提醒他自己的位置。凯茜对希斯克利夫的喜爱并没有真的改变，但他对此毫不知情，跑了出去。他不愿进屋吃晚餐。我为这孩子感到难过。

林顿家的孩子第二天被请来参加圣诞派对。那天早上，希斯克利夫卑微地找到我，请求我让他看起来体面点，因为他想要变好。我赞赏他这个决定，并让他放心，凯茜还是喜欢他，因为他的羞怯她很伤心。希斯克利夫说他希望自己像埃德加一样——白皙，富有，彬彬有礼。我告诉他，要是他能多笑笑，信赖他人的话，他绝对会很英俊的。

然而，打扮干净、打起精神的希斯克利夫想加入派对的时候，辛德雷却让他走开，因为他不适合待在那里。埃德加不合时宜地取笑了他的长发，希斯克利夫便朝他泼滚烫的苹果汁。辛德雷把希斯克利夫拖走，鞭打了他一顿。埃德加嘲笑希斯克利夫，让他陷入麻烦，凯茜很生气，但她不想毁掉自己的派对。她表面依旧得体，但想到希斯克利夫独自一人，还挨了打，她并不开心。等客人回家了，她逮到机会，就爬进他被囚禁的阁楼。

自昨天的晚餐之后，希斯克利夫还没有吃过东西，于是我让他下楼。我把他安置在炉火边的一张矮凳上，给他拿来好吃的东西。但他病了，吃不下什么。他用手支着下巴，若有所思。我问他在想什么，他庄重地回答我：

“我在想怎么报复辛德雷。我不在乎要等多久，只要最后能报复他。希望他不要先死掉！”

“真不害臊，希斯克利夫！”我说，“我们应该学会原谅。”

“不。”他回道，“我只希望能想到绝佳的办法！别管我，我来打算。想着这些事我就感受不到痛苦了。”

辛德雷把希斯克利夫拖走，鞭打了他一顿

第4章

六月一个晴朗的早晨，辛德雷的妻子弗朗西丝生下一个孩子，取名哈里顿。但之后她没活多久。她病得很厉害，虽然医生警告过，但辛德雷坚持认为她会好起来。她似乎也这么想，总是说她感觉好些了。但在哈里顿出生几周后，她就死了。

我很乐意照顾新生的婴儿。辛德雷日益变得绝望。他既不哭，也不再祷告，而是诅咒每个人。整个家多多少少陷入充满暴力的混乱中。体面的邻居不再来访，除了喜欢凯瑟琳的埃德加。

辛德雷对希斯克利夫的虐待，还有他立下的坏榜样，让希斯克利夫日渐阴郁和残暴。他幸灾乐祸地看着辛德雷自暴自弃。

凯瑟琳不高兴埃德加来呼啸山庄，因为每当埃德加和希斯克利夫碰到一起，或是他们说起对方时，凯瑟琳都很难受，不知道该如何表现一致。埃德加的在场让她觉得自己似乎应该表现得像林顿家的人，这让她感到很不自在。

一天，辛德雷不在家，希斯克利夫发现凯瑟琳穿戴打扮，等待埃德加上门，这刺痛了他。他让她把埃德加拒之门外，和自己待在一起。但她拒绝了。这时候，埃德加已经是个彬彬有礼、招人喜欢的年轻人。他来后，希斯克利夫走了，我作为陪护人留下来。

埃德加说话的声音柔和、低沉，比我们现在讲话还要轻柔。

“我没有来太早，对吧？”他说，看向我。我开始收拾梳妆台。

“没有，”凯瑟琳答道，“你在这儿做什么呢，奈莉？”

“干我的活儿啊，小姐。”我说。辛德雷先生之前跟我说过，林顿的任何秘密拜访我都要在场。

她走到我身后，生气地小声说：“离开这里！客人在房里时，下人们不要打扫！”

我继续干我的活儿。她以为埃德加看不到她，于是一把夺走我手里的抹布，掐了我的胳膊一下。我说过我不喜欢她，她又弄得我很痛。所以我站起来，叫道：“啊，小姐，真让人讨厌！你没有权利掐我。”

我心里很高兴，终于有一个机会能让埃德加看看凯瑟琳是什么样的人了。凯瑟琳否认自己掐了我。她的脸因为盛怒变得通红，打了我一下，又因为埃德加指责她而打了他。

来访者拿起帽子，脸色苍白，嘴唇颤抖着。

“你要去哪儿?”凯瑟琳发问，挡住门。“你不能走！你不能寫着火离开我。我会痛苦一整夜的，但不会为了你!”

“你打了我，我还能留下吗?”林顿问，“你让我感到害怕，让我为你感到羞愧。我再也不会来了！”

她的眼睛开始泪光闪闪。

“你还故意撒谎！”他说。

“我没有！”她哭道，“我不是故意的。好，走吧，你高兴就好！我要一直哭，哭到生病！”

她跪了下来，开始哭泣。埃德加跑到院子里，在那里徘徊良久。

他从窗户往里看。他无力离开。啊，我想，他完了！事实确实如此：他转身又进了屋子，关上身后的门。过了一会儿，我进去通知他们恩萧喝得醉醺醺地回来了，我看到之前的争吵只是拉近了两人的距离。它打破了年轻人的胆怯，让两人袒露心迹，成为恋人。

听到辛德雷先生回来的消息，林顿飞速去找他的马，而凯瑟琳跑进自己的房间。我去把小哈里顿藏了起来，又从主人的猎枪里取出子弹，他在发狂兴奋的时候喜欢玩这把猎枪。

辛德雷走进来，酩酊大醉，骂骂咧咧。在我努力把哈里顿藏在碗橱里以保证他的安全时，被他碰上了。他威胁要让我吞下刀子，甚至试图把刀子撬进我的牙齿。但我大胆地说自己宁愿被开枪打死，然后把刀吐了出来。

接着，他抱起哈里顿，说要把他的耳朵像狗一样剪掉。听见希斯克利夫在下面走，辛德雷突然把孩子往下一扔，但还好希斯克利夫接住了他。希斯克利夫抬起头来看是怎么回事，因为意外阻挡了自己的复仇而表现出极大的痛苦。他太仇恨辛德雷了，宁愿辛德雷不经意间杀掉自己的独子。

辛德雷走下楼，清醒过来，感到非常羞愧。

“是你的错，艾伦，”他说，“你不应该让我看到他的！他受伤了吗?”

“受伤！”我愤怒地喊道，“我怀疑他的母亲会从墓穴里坐起来。你比恶魔还要邪恶，竟然那样对待自己的孩子！”他试着去触碰孩子，但那孩子奋力挣扎，比以往哭得都要大声。

“你别动他！”我继续说，“他讨厌你。他们都讨厌你！你本来有着幸福的一家子，看看你现在落到什么光彩的境地！”

不知为何，辛德雷浑身发抖，开始喝更多的酒。希斯克利夫告诉我，他希望辛德雷把自己喝死。但那不太可能发生，因为辛德雷身体太强壮了。

厨房里，凯茜走过来跟我说话。我们都不知道希斯克利夫在房间里，就在一把高背长椅后坐着。凯茜说她不开心，因为埃德加跟她求婚了，而她答应了。她问我她应该怎么回答。我问她是否爱埃德加，还有为什么爱埃德加。

“嗯，因为他很英俊，相处起来令人愉快。”

“不好！”我说。

“因为他年轻又开朗。”

“还是不好。”

“因为他爱我。”

“无关紧要。”

“还有，他会变得很有钱，我会成为这里最受尊敬的女人。有这样的丈夫，我感到骄傲。”

“再糟糕不过了。说说，你怎么爱他？”

“我爱他脚下的土地，头上的空气，所有他触碰过的东西，他说过的每一个字。我喜欢他的任何样子，任何行为，喜欢他的所有。”

我不赞成，凯茜承认她确定自己错了。她做过一个梦，梦里她去了天堂，但在那里并不开心，因为她想念呼啸山庄。她说：

他永远都不会知道我有多爱他

“我没有必要嫁给埃德加·林顿，就像我没有必要上天堂一样。如果那里的坏人没让希斯克利夫降生得如此卑微，我是不会这么想的。叫我现在嫁给希斯克利夫，会让我有失身份。所以，他永远都不会知道我有多爱他，不是因为他多么英俊，奈莉，而是因为他比我更像我自己。不管我们的灵魂是什么做的，他和我的都是一样的。而林顿的灵魂不同，就像月光不同于闪电，或者霜不同于火。”

这番话还没讲完，我意识到希斯克利夫就在那儿。注意到他动了一下，我转过头，看见他蹑手蹑脚地出去了。听到凯瑟琳说嫁给他会让她有失身份，他便没有再听了。他没有听到凯茜的真情告白。

我告诉凯茜，要是她嫁给林顿，希斯克利夫会被遗弃的。凯茜生气地说她无意放弃希斯克利夫。她会用自己的影响力来让他提升。我说埃德加不会喜欢这样，凯茜答道：“要想让我背叛希斯克利夫，除非天底下每个林顿家的人都死光了！”

那天晚上，没人知道希斯克利夫去哪儿了。凯茜在暴雨中寻找他，却一无所获。他离家出走了。第二天早上，她病倒了。过了一阵子，她搬去了林顿家。那里的环境不错，她的身体好多了。然而，埃德加和伊莎贝拉的父母却从她那儿感染了热病，两人没过几天就离世了。

凯瑟琳回到呼啸山庄。自那个雷雨交加的夜晚之后，再也没人听说过希斯克利夫。我跟凯茜说希斯克利夫的失踪是她的错，她便不再跟我说话。恩萧先生死后三年，她嫁给了埃德加。我不情愿地搬去画眉田庄跟她同住，留下哈里顿和自己可怜的父亲还有约瑟夫一起生活。

第5章

出人意料，凯瑟琳和自己的丈夫还有伊莎贝拉相处得很融洽，主要是因为他们很少反对她。不过，她在有些季节会变得郁郁寡欢，沉默寡言。埃德加认为这是她严重的疾病造成的。

他们结婚大约一年后，希斯克利夫回来了。

九月的一天晚上，我提着一篮子苹果从园子里回来。暮色四合，月亮高高地挂在院子的高墙之上，在角落里投下可以藏人的阴影。我把篮子放在厨房门前，停下来休息。我沉醉在柔和舒适的空气里。这时，我听见身后传来一个声音："奈莉，是你吗？"

那声音低沉，有点外地腔调。但说话的方式听起来有些熟悉。我害怕地环顾四周，没看到任何人。门廊处有什么东西在动，我辨认出一个个子高高的男人，穿着黑色衣服，面庞黝黑，头发也是黑的。

“会是谁呢？”我想。

“我在这儿等一个小时了，”他继续说道，“这个地方安静得跟死人一样。我不敢进去。你不认识我了吗？我不是陌生人！”

一缕光线落在他的轮廓上。他的面颊发黄，一半藏在黑色的胡须下。眉毛耷拉下来，眼窝深陷又陌生。我记得那双眼睛。

“什么！”我惊讶地叫出声，“真的是你吗？”

“是的，希斯克利夫。”他答道，朝窗户望去。

他请求我跟凯瑟琳说有人想见她。他整个人模样大变。如今，他个头高大，身材健硕，看起来像是之前参过军，而且彬彬有礼，言语得体。但他的眼睛却透露着一种半开化的狂野。凯瑟琳欣喜若狂，不明白为什么埃德加对此无动于衷。让埃德加生气的是，希斯克利夫竟然留下来喝茶。希斯克利夫说，他目前住在呼啸山庄。

他给了辛德雷一大笔钱，但是在打牌时却赢了主人的钱。凯瑟琳不让希斯克利夫真的伤害自己的哥哥。

接下来的几周里，希斯克利夫常常拜访画眉田庄。埃德加·林顿的妹妹伊莎贝拉，一个十八岁的光彩照人的年轻小姐，爱上了希斯克利夫，这让她哥哥很痛苦。看到凯瑟琳常常把希斯克利夫留在身边，伊莎贝拉很生气。凯瑟琳警告她，希斯克利夫不是个好的恋爱对象，而伊莎贝拉跟他也不相配。

“他是个凶狠、冷酷、残忍的人。伊莎贝拉，要是他觉得你太麻烦，会把你像麻雀蛋一样捏碎。”

“我不相信！”林顿小姐说。

“啊！你以为我是出于自己邪恶的私心才这么说的？”

“我肯定你是这样的。”伊莎贝拉还嘴道。

“很好！”另一个大叫道，“自己试试吧。”

第二天，我的主人出门了。希斯克利夫趁他不在，登门拜访。凯瑟琳和伊莎贝拉正坐在图书室里，两人各怀敌意。希斯克利夫从窗前走过时，我注意到凯瑟琳的脸上浮现出一丝顽皮的笑容。

“进来！”她高兴地叫道，“我们需要有人帮我们破冰。你正是那个合适的人。希斯克利夫，我终于能自豪地向你引荐一个比我还喜欢你的人。我可怜的小姑子正因为你而心碎。要不要成为埃德加的妹夫，全在你。”

“凯瑟琳！”伊莎贝拉矜持地说道，“我要谢谢你实话实说，即便开玩笑也没诽谤我！希斯克利夫先生，她觉得好笑的事对我来说很痛苦。”

客人一言不发，但看起来漠不关心。伊莎贝拉小声跟凯瑟琳说放她走。

“休想！”林顿夫人叫道，“你要留下来！希斯克利夫，你怎么不高兴？伊莎贝拉发誓说，埃德加对我的爱跟她对你的爱相比什么也不是！”

伊莎贝拉感觉受到了羞辱。她想要逃走，但凯瑟琳抓住了她。伊莎贝拉挠破凯瑟琳的胳膊，最终跑掉了。

和凯瑟琳单独待在一起后，希斯克利夫表示，他想跟伊莎贝拉结婚，这样就可以得到她的钱，从而激怒埃德加。如果他们结婚了，他会打伊莎贝拉，谁让她有那么张蜡黄又苍白的脸。

第6章

我去了呼啸山庄，想看看辛德雷和哈里顿怎么样了。我在外面看到了小哈里顿，但他不记得我是他先前的保姆。他朝我扔了一颗石子，还骂了句脏话。我发现他父亲竟然教他骂人，而哈里顿喜欢希斯克利夫，因为辛德雷骂他时，希斯克利夫会帮他，并且哈里顿爱做什么希斯克利夫就让他做什么。我正要进门，碰上了希斯克利夫。我受到惊吓，于是跑回家。

第二次希斯克利夫来画眉田庄时，我看到他在院子里亲吻伊莎贝拉。我把这件事告诉了凯瑟琳。希斯克利夫进门后，两人吵了一架。希斯克利夫说既然凯瑟琳嫁给了别人，他便有权利做自己想做的事。他说："只要你高兴，随便你怎么折磨我。只是有一条，让我也以同样的方式高兴高兴吧。"

凯瑟琳在责备希斯克利夫时，埃德加走了进来。埃德加因为凯瑟琳跟那个恶棍说话责备了凯瑟琳。这让她非常生气，因为她本来是在帮林顿家。埃德加命令希斯克利夫离开，后者轻蔑地置之不理。主人暗示我去找仆人们。然而，林顿夫人把我拽了回来，关上门，还上了锁。埃德加去夺钥匙，她把它丢进了火堆里。凯瑟琳和希斯克利夫嘲笑着受尽侮辱、勃然大怒的埃德加。于是他打了希斯克利夫一拳，然后从后门出去搬救兵。我警告希斯克利夫，如果他再待下去，就要被男仆们丢出门。于是他选择离开。

林顿夫人兴奋地让我跟她上楼。凯瑟琳对她的丈夫和希斯克利夫大大指责了一番。

“我不管他们以前对彼此做了什么！好吧，要是我不能跟希斯克利夫做朋友，要是埃德加就是那么卑鄙，嫉妒心那么强，我就心碎而死，让他们也为我心碎。让他们瞧瞧！你一定要提醒埃德加我的暴脾气。希望你看起来能为我更担心一些。”

我什么也没说，主人这时走进来跟她说话。

“待在这里，凯瑟琳。”他不再生气，但多了几分悲伤。“我要走了。我只想知道，经过了今晚的事，你是否还想继续跟——”

“啊，饶了我吧，”小姐打断他的话，跺着脚，“别再说了！你的血管里流淌的都是冰水！而我的血液在沸腾，你的无情让它们都沸腾了。”

“回答我的问题，”林顿先生坚持道，“你要放弃希斯克利夫，还是我？你不可能同时成为我和他的朋友。我要知道你选谁。”

“我要自己待着！”凯瑟琳狂怒地大吼，“我非常坚决！你没看到我都站不稳了吗？让我一个人待着吧！”

她把脑袋撞向沙发的扶手，磨着牙，仿佛要把它们咬碎！

林顿先生站在那里看着她，突然害怕起来。他让我去拿点水。我拿了满满一杯。因为她不愿意喝，我便把水洒在她脸上。她挺直身子，翻起了白眼，仿佛一具死尸。林顿大惊失色。

“问题不大。”我小声说。

“她嘴唇上有血！”他战栗着说。

“别怕！”我答道。我告诉他，她之前下决心要发一阵疯。

她听见了我的话。她发作起来，眼睛闪着光，怒视四周，然后从房间里冲出去。主人让我跟着她。但她锁上她的房门，好几天不愿出来，也不吃东西。

凯瑟琳一个人在房间里待了三天后，埃德加坐在图书室里，而伊莎贝拉在花园里闷闷不乐。凯瑟琳叫我弄点食物和水，因为她觉得自己快死了。

她发作起来，眼睛闪着光，怒视四周

我才不相信这种疯话，所以没告诉任何人，给她拿去了茶和干吐司。她狼吞虎咽了一番，然后躺回枕头上，呻吟起来。

“啊，我要死了，”她叫道，“没人关心我。”接着她喃喃自语：“不，我不会死。我死了他就高兴了。他永远不会想念我的！”

“你还想要什么吗，夫人？”我问道，仍旧保持着镇定，不管她看起来有多苍白，行为有多奇怪。

“他在干什么？”她问道，把缠在一起的头发从瘦弱的脸上扒开。

“你说的是林顿先生的话，我想他还好。他一直在看书，因为也没人陪他。”

要是我知道她的真实状况，我就不应该这么说。但我相信她在装病。

“看书！”她哭道，“而我要死了！天哪！他知道我变成什么样了吗？奈莉，你说的是实话吗？他真的对我的死活完全不管不问吗？”

“哎呀，夫人，”我说，“当然了，主人不怕你会饿死自己啊！”

“你觉得他不怕？劝劝他！”她回答道，“说你确定我会饿死的！”

“不，你忘了，林顿夫人，”我提示道，“你今晚吃过东西了。明天你就会好很多。”

她吃了一些面包，不能接受埃德加竟然一点不为她感到慌乱。

她说：“奇怪！我以为，尽管两个人都讨厌、鄙视彼此，但他们都是爱我的。不过几个小时，他们都变成了我的敌人。”

很显然，凯瑟琳疯了，以为她回到了呼啸山庄的房间里。

“天哪！我以为我回呼啸山庄了。”她叹了口气，“我太虚弱了，所以脑子糊涂了。陪着我吧。我害怕睡觉。”

“好好睡一觉对你有好处，夫人，”我说，“希望你不要再让自己饿肚子了。”

“啊，要是我能回到老房子里我自己的床上就好了！”她痛苦地继续说道，拧着双手。“那冷杉林里的风，让我再感受感受吧。它从荒野里一直吹过来。让我再吸一口吧！”

为了安抚她，我开了一会儿窗。一阵冷风吹了进来。我关上窗子，回到原处。这会儿她安安静静地躺着，脸上满是泪水。她精疲力竭，完全平静下来。我们暴烈的凯瑟琳如同哭泣的孩童一般。

在镜子中看到自己后，凯瑟琳惊恐万分，因为她以为那里没有镜子。她打开窗户，开始跟希斯克利夫说话，仿佛两人又成了小孩子。但希斯克利夫并不在那儿。

林顿先生走了进来。他刚从图书室出来，听到了我们的谈话。

“啊，先生！”我叫道，“可怜的小姐病了。我照看不了她。求您了，劝她回床上吧。”

“凯瑟琳病了？”他说，急匆匆走到我们身边。“关上窗子，艾伦！凯瑟琳！”

埃德加十分担心凯瑟琳，因为我没有告诉他实情而冲我发火。

我去请医生，注意到伊莎贝拉的小狗快死了，被一条手帕吊在大门上。我把它救下来，找到了肯尼思医生。他告诉我，他看到伊莎贝拉和希斯克利夫在公园里散步了几个小时。更重要的是，肯尼思听到传言，伊莎贝拉和希斯克利夫计划一起私奔。

我冲回画眉田庄，发现伊莎贝拉确实不见了。一个小男孩告诉我，他看见伊莎贝拉和希斯克利夫一起骑马走了。我把这事告诉埃德加，希望他能把他妹妹找回来，阻止这场欠考虑的私奔，但他冷漠无情地拒绝了。

第7章

希斯克利夫和伊莎贝拉消失了两个月。其间，林顿夫人挺过了一场严重的热病。没有哪一个母亲养育自己的独子能比埃德加照料林顿夫人那样更全心全意。他日夜不停地守护着她。肯尼思医生说，她已经从鬼门关被救回一命，但永远无法真正康复。听到凯瑟琳已脱离危险，埃德加内心充满感激和喜悦。

她第一次走出自己的房间是在三月伊始。林顿先生在她的枕上放上一捧金色的鲜花。她醒来时一眼看到它们，急切地把花朵拢在一起，眼睛里闪着喜悦的光芒。

“这是山庄里开放得最早的鲜花，”她叹道，“让我想起阵阵柔和的风，煦暖的阳光，还有几乎融尽的雪。埃德加，难道南风没有吹来，难道雪还没有化吗?”

“雪几乎化尽了，亲爱的。”她的丈夫答道，“碧空如洗，云雀啾鸣，溪水都满溢出来。真希望你能到山上去。

空气如此甜美，我想你会因此而好起来的。”

“我只要再去一次，”她说，“就永远留在那里。明年春天你回忆起来，会想到今天是快乐的。”

林顿试图让她高兴起来。但她任由泪水从脸颊上滑落。

凯瑟琳怀孕了。

我应该再说说伊莎贝拉。在出走六个星期后，她给自己的哥哥寄来一封短信，宣告自己和希斯克利夫结婚了。信的内容读起来干巴巴的，语气冷淡，但在下面却写了一句道歉的话。

林顿没有回信。过了一阵子，我又收到一封长信，出自一位新娘的笔下，这很古怪。伊莎贝拉告诉我，她已经回到了呼啸山庄。她在信中问我希斯克利夫是不是个恶魔，或者疯了，还讲述了自己的经历。她发现呼啸山庄肮脏、野蛮，一点也不舒服。约瑟夫对她很粗鲁，哈里顿也不听话。辛德雷是半个疯子，而希斯克利夫对她很残忍。他不让她睡在他的房间里，这意味着她不得不住在一间小小的阁楼里。

辛德雷有一把手枪，上面有一把刺刀。他梦想着有一天能用它杀掉希斯克利夫。伊莎贝拉很想要这把手枪，认为它能带给她力量。她很痛苦，从心底后悔结婚：

“我恨他。我太可怜了。我是个傻子！不要把这件事告诉画眉田庄的任何一个人。我每天都会等你来。不要让我失望！伊莎贝拉。”

读完信，我立刻去找主人。我把这件事告诉了他，跟他说他妹妹很想见到他，希望能得到一丝宽恕。

“宽恕！”林顿说，“我没什么好宽恕她的，艾伦。下午去呼啸山庄吧，如果你想的话。说我不生气了，但我很难过失去了她。”

埃德加先生的冷漠让我感到压抑。从画眉田庄出发的一路上，我都在冥思苦想，不知要怎样才能软化他的态度。我没有敲门，直接走进呼啸山庄。

辛德雷不在。希斯克利夫坐在桌子旁。伊莎贝拉迫不及待地上前迎接我，伸出一只手去接期待已久的信。我摇了摇头。希斯克利夫猜到了她的意思，说：“如果你给伊莎贝拉带了什么东西，就给她吧。”

“哦，我没有带什么。”我回答，认为最好立刻说实话。“主人让我告诉他的妹妹，他向您致意，并祝您幸福。”希斯克利夫夫人的嘴唇微微颤抖。她的丈夫站在壁炉旁，靠近我，开始询问凯瑟琳的情况。

“林顿夫人正在康复中，”我说，“她回不到以前了，但总算是活下来了。如果你真的在乎她，就不要再去见她。你完完全全从这儿搬走吧。凯瑟琳·林顿不再是你旧时认识的那个凯瑟琳·恩萧了。她的样貌变了很多，性情变得更多。”

希斯克利夫说，他不会把她留给埃德加照顾的，说她爱他比爱她丈夫要多得多。他说要是他是埃德加，绝不会干涉凯瑟琳跟人交朋友，但一旦凯瑟琳不再在乎这个朋友，他就会杀掉他。

“你以为她几乎忘掉我了？”他说，“啊，奈莉！你知道她没有！你知道她每想一次林顿，就会想我一千次！如果她不在乎我了，那我的命运只有两个——死亡和地狱。埃德加在八十年里的爱意，都比不上我在一天里的爱。而凯瑟琳的心和我的一样深情。对她来说，他并不比她的狗更亲近。”

我劝希斯克利夫对伊莎贝拉好一点，但他当着她的面表达了对妻子的鄙弃和厌恶。他说伊莎贝拉在同他结婚时就知道他的本性。她曾亲见他吊死了她的宠物狗。伊莎贝拉告诉我，她恨希斯克利夫。他命令她上楼去，好跟我说话。

他把她推出房间，回来后嘴里嘟囔道：“我没有怜悯！我没有怜悯！你一定要帮我见到凯瑟琳，一刻也不要耽搁。我发誓我不想害人。我不想打扰任何人，也不想侮辱林顿先生。我只想亲耳听她说说她状况如何，问问我能做些什么来帮助她。”

“昨天晚上，我在画眉田庄的花园里待了六个小时，”他继续说道，“今晚我会再回去。我要一直待在那里，直到找到能进去的机会。要是埃德加·林顿碰见我，我就把他打昏。要是他的仆人们想赶我走，我就用手枪把他们吓走。但不用碰见他们不是更好吗？你能轻松做到这一点。我来的时候会提醒你。一旦凯瑟琳独处的时候，你就让我进去，守着门直到我离开。”

我表示抗议，说这也太残忍太自私了。

“这么下去的话我要采取手段了，女人！”希斯克利夫大叫，“是我自己拼着去见凯瑟琳，还是你行行好，照我说的那样做？说吧！”

我争辩了几句，拒绝了他。但最终他迫使我答应给小姐带一封信。如果她答应了，我保证下次林顿不在家时通知他，好让他能登门拜访。

第8章

我去呼啸山庄后的那个周日，多数人都在教堂里做礼拜，我把希斯克利夫的信拿给了凯瑟琳。

“有封信给你，林顿夫人。”我说，轻轻地把信放进她手里。“你一定要立刻看，因为需要回信。要我打开吗?”

“好的。”她答道，看都没看一眼。

我打开了信。信的内容非常简短。我站在那里，等着她看信。但她没有。最后我说:“一定要我念吗，夫人？是希斯克利夫写的。”

她拿起信，似乎读了起来。看到落款时，她叹了口气。不过，我发现她还是没有弄清楚信的意思。

“嗯，他想见你，”我说，“他在花园里，急切地想知道你的答复。”

自从生病后，凯瑟琳像变了个人。她美得超凡脱俗，眼睛看起来总是在凝视远方，很远的远方。

我把门留着，希斯克利夫进来了。凯瑟琳急切地等着他走进她的房间。他们的重聚既甜蜜又痛苦。

“啊，凯茜！啊，我的生命！我要如何承受?”这是他讲出的第一句话，语气充满绝望。他热切地盯着她。但他的眼睛里燃烧着痛苦，并没有眼泪。

“现在还要怎样呢！”凯瑟琳说，往后一靠，以阴沉的脸色回答他的凝视。“你和埃德加伤透了我的心，希斯克利夫！你已经害了我，还因此变得更加强大！我死后，你还要活多少年?”

希斯克利夫跪下来拥抱她。他试着起身，但她抓住了他的头发，不让他起来。

“真希望我能抱着你，”她痛苦地说道，“一直到我们都死去！我不在乎你的痛苦。难道你不应该受苦吗？我在受苦！你会忘记我吗？我埋在地下后，你会开心吗，希斯克利夫?”

“不要折磨我了。”他啜泣道，把头扭开，咬着牙齿。

“你知道你在撒谎，说我害了你。要是你安息了，而我在炼狱中受苦，难道还不够满足你自私的心吗?”希斯克利夫说。

“我不会安息的。”凯瑟琳痛苦地说道。接着她换了一种更温和的语气：

“我不是想让你比我经受更大的折磨，希斯克利夫。我只希望我们永远不要分开。如果我的话让你从此之后感到悲伤，我想我在地下也会一样难过。原谅我吧！来！你从来没有伤害过我。你生了气，今后想起来就要比我的狠话更让你难受！你不肯再过来吗？来呀！”

“看看这双眼睛，摸摸这双消瘦的手，想要原谅太难了，”他说，“再吻我一次吧。别让我看见你的眼睛！我原谅你对我的伤害。我爱害了我的人——但害了你的人呢！我怎么能原谅！”

他们紧紧地抱住彼此哭泣着。我警告他们林顿快回来了。希斯克利夫想走，但凯瑟琳坚持让他留下。因为她快死了，再也见不到他了。他同意留下。

听到声音，林顿先生加快了脚步。看到凯瑟琳的胳膊松落下来，头也垂了下来，我松了一口气。她晕倒或是死了，这样更好。

林顿走了进来，希斯克利夫把凯瑟琳的身体递到他怀里，让他照顾她。“除非你是个恶魔，先救救她吧。然后你再跟我说话！”

他告诉我，他要在外面等到凯瑟琳好了的消息，才离开。

那天午夜，凯瑟琳的女儿凯茜提早了两个月出生。两个小时后，凯瑟琳死了。第二天早上，我找到希斯克利夫，告诉他这个消息，但他已经知道了情况。他气愤凯瑟琳在临终时没有叫他的名字，又因为失去她而感到悲伤。他一边哀痛失掉自己的所爱，一边诅咒她的灵魂。

希斯克利夫把凯瑟琳的身体递到他怀里

埃德加在白天照看凯瑟琳的灵柩。希斯克利夫在夜晚守灵。希斯克利夫把凯瑟琳脖子上戴的饰品里埃德加的一缕头发拿出来，换成了自己的。让所有人意外的是，凯瑟琳被下葬在教堂里，靠近一段矮墙，离荒野只有几英尺远。

出人意料的是，伊莎贝拉来到画眉田庄，看起来身体状况不太乐观。她知道埃德加不会让她留下，所以她不是来寻求庇护的，只是想获取帮助。她告诉我，辛德雷在参加自己妹妹的葬礼前一直非常清醒，但在葬礼当天早上却失掉了勇气，开始喝酒。希斯克利夫在凯瑟琳墓前守夜后回到呼啸山庄，辛德雷却把他锁在门外，并告诉伊莎贝拉他要杀了希斯克利夫。伊莎贝拉把辛德雷的意图告诉了希斯克利夫，但不让他进门。

希斯克利夫破窗而入，最终把辛德雷揍了一顿。第二天早上，伊莎贝拉控诉希斯克利夫，说都是因为他所有人才这么痛苦。希斯克利夫和辛德雷又打了起来，伊莎贝拉趁机逃走。她去了伦敦，最后生下一个男孩，取名林顿。

凯瑟琳死了六个月后，辛德雷也死了。我回到呼啸山庄，安排葬礼事宜，顺便也照看哈里顿。我发现辛德雷负债累累，而希斯克利夫持有抵押。希斯克利夫不让我带走哈里顿，威胁要夺走林顿。

第9章

年幼的凯茜在画眉田庄长大，同时具有父母双方的特点。她非常迷人，给这座荒凉的房屋带来了阳光。她是真正的美人，拥有恩萧家漂亮的深色眼睛，又有林顿家雪白的肤色和金黄的鬈发。她总是兴致勃勃，内心敏感又心思活泼。

长到十三岁之前，她还一次都没有独自出过庄园。林顿先生偶尔会带她去外面走上一英里，但他不放心让任何人带着她。除了自己的家，教堂是她唯一进入过的建筑。对于呼啸山庄和希斯克利夫，她一无所知。

不过，有时候透过窗户望着这片乡村的时候，她会问："艾伦，还要多久我才能走到那些山顶上去？我很好奇另一边有什么——是海吗？"

"不，凯茜小姐，"我会说，"还是山，就跟这些山一样。"

盘尼斯吞岩尤其吸引她的注意，特别是当落日照耀在它的顶峰时。

“现在我去盘尼斯吞岩够不够大啦?”她常常这么问。通向那里的路蜿蜒曲折，靠近呼啸山庄。埃德加总是回答:“还不到时候，亲爱的，还不到。”

伊莎贝拉给埃德加写信，说自己快死了。她请求他去看看她，把林顿带回画眉田庄，想让他远离希斯克利夫。埃德加去见她，留我在他不在的时候照看凯茜。我必须确保凯瑟琳不走出庄园。

我任由她在庄园里四处玩冒险游戏，以此逗她开心。

一天早上，凯瑟琳找到我，说她现在是个阿拉伯商人，要和自己的大篷车一起穿越沙漠。而我得给她足够的食物，一匹马，还有三只骆驼。我在马鞍边的一个篮子里装上一些食物。她高兴地笑着骑走了。淘气的家伙到喝茶的时候都没出现。

这天早上，我发现凯茜的小马跳过了树篱，大概朝盘尼斯吞岩的方向去了。

我在呼啸山庄找到了她。凯茜当时骑着马朝岩穴走去，哈里顿的狗和她的狗打在了一起。哈里顿和凯茜在一起玩了一天，非常开心——直到我找到她。我坚持让凯茜立刻回家，但她对哈里顿太感兴趣了。

“凯茜小姐，要是你知道这房子是谁的，你就巴不得出去了。”

“是你父亲的，不是吗?”她说，把头转向哈里顿。

“不是。”他答道，低着头，脸红了。

“那是谁的——你主人的?”她问。

他的脸更红了，嘴里骂了一句，转过身去。

等她发现哈里顿并不是呼啸山庄主人的儿子，她的兴趣立刻就消失了。她很快认定他是个仆人，这激怒了哈里顿。

一个仆人说，哈里顿是凯茜的表哥。凯茜却说，她父亲去伦敦接她表弟了。

我费了好大功夫，才让她保证不告诉她父亲。我解释说，他非常抗拒呼啸山庄的一家人，又说要是他发现她去过那儿该有多难过。但我强调最多的是，他会非常生我的气，我就不得不走了。凯茜不能接受这一点。她许下诺言，为我信守承诺。毕竟，她是一个善良的小女孩。

伊莎贝拉死了。林顿从伦敦回来了。

马车渐渐驶入视野。一看到车窗后父亲的脸，凯茜小姐便尖叫着，张开臂膊冲过去。埃德加跨出马车。在他们拥抱抚摸彼此时，我往里看了一眼林顿。他在角落里睡着了，身上裹着一件暖和的斗篷。他是个面色苍白的纤弱男孩，看起来病恹恹的。

他太虚弱，病得太厉害了，没法和凯茜一起玩。他不得不躺在沙发上，无法和这家人坐在一起喝茶。

“他会好起来的，”主人看着他们对我说，“会很健康，要是我们能抚养他的话，艾伦。有个同龄的孩子跟他玩，会让他变得精神起来。”

“唉，要是我们能留下他就好了！”我自忖道。我感觉希望渺茫。我想，这个体弱的孩子怎么会待在呼啸山庄，跟希斯克利夫和哈里顿生活在一起？他们会是怎样的玩伴和教师啊。

我们的疑虑很快被打消了。我刚把孩子们带到楼上去睡觉，然后下楼来，一个女仆就告诉我，约瑟夫在门外。他想和主人说话。

“晚上好，约瑟夫，”我冷冷地说，“今晚来这里有什么事？”

“我要找的是林顿老爷。”他答道，挥手把我赶到一边。

“林顿先生要睡觉了。除非有什么要紧事，我肯定他现在不想听。”我继续说道，“你最好留下口信。”

“哪个是他的房间？”他追问道，一扇一扇查看紧闭的门。

我不情愿地来到图书室。埃德加·林顿沉默了一分钟。愁云笼罩着他。回想起伊莎贝拉对她儿子急切的愿望，他很痛苦。除了屈服也没有什么办法。不过，他不打算把孩子从睡梦中叫醒。

“告诉希斯克利夫，”他冷静地说，“他的儿子明天再回呼啸山庄。他睡下了，因为太累现在没法再动身。你还可以告诉他，林顿的母亲希望把他留给我照看。目前，他的健康状况很不乐观。”

“不！”约瑟夫说，“希斯克利夫要他的孩子。我一定要带走他！”

“今晚不行！”林顿果决地说，“立刻下楼去，把我的话告诉你的主人。艾伦，带他下楼。走吧！”

第二天早上，我带上林顿去呼啸山庄。

“那个小女孩跟我们一起吗？”他问。“现在不会，”我答道，“我来给你做伴。”

林顿往后倒在他的枕头上。“舅舅不去，我也不去。”他哭道。他固执地不愿穿衣，直到我去跟主人求助。他得到保证，就在那儿住几天，埃德加先生和凯茜会去看他。我在路上又编造了一些其他的诺言。

过了一会儿，他开始询问自己的新家。

“呼啸山庄和画眉田庄一样令人愉快吗？”

“它周边的树木没有那么多，”我回答，“也没那么大，不过你能看到四周美丽的乡村。那里的空气也更健康——更新鲜，更干燥。一开始你或许会觉得那房子又旧又暗，但它是栋不错的房子。哈里顿·恩萧，也就是凯茜小姐的另一个表哥，会带你参观所有漂亮的地方。天气好的时候你可以带本书。你舅舅或许有时会跟你一起散散步。”

“我父亲是什么样子？”他问，“他和舅舅一样又年轻又英俊吗？”

“他们一样大，”我说，“不过他的头发和眼睛是黑色的，看起来更严厉。整体看来，他也更高，块头更大。也许一开始他对你似乎没那么温和友善。不过，对他热情坦诚，他会比你的任何叔叔舅舅都喜欢你，因为你是他的孩子。”

“黑色的头发和眼睛！”林顿沉思道，“我没法想象。那我长得就不像他啦，是不是？”

我们在花园门口停了下来，我打开门。那家人刚刚吃完早餐。

“你好，奈莉！”希斯克利夫看见我说，“恐怕我不得不到下面去取我自己的财产。你带来了，是不是？让我们看看吧。”

他站起来，大步走到门口。哈里顿和约瑟夫跟在后面。可怜的林顿用惊恐的眼神在他们脸上溜了一眼。

希斯克利夫发出一声嘲弄的笑声。“一个多么标致的人！多么可爱迷人的东西啊！”

我让那浑身发抖、困惑的孩子进门去。他没有理解他

可怜的林顿用惊恐的眼神在他们脸上溜了一眼

父亲的话。确实，他还不是很肯定，那个令人生畏的陌生人是他的父亲。但他紧紧地抓住我。当希斯克利夫跟他说“过来”时，他把脸埋在我的肩上，哭了起来。

尽管希斯克利夫欣然承认自己并不爱儿子，却利用他享受着接近画眉田庄的机会。

我溜了出去。但刚关上门，我就听到一声发狂似的哭叫：

“别离开我！我不要待在这儿！”

第10章

在画眉田庄，时间以一种令人愉快的方式缓缓流逝，凯茜小姐就这么长到了十六岁。我们并不给她庆祝生日，因为她的生日也是已故小姐的忌日。她的父亲在那天总是独自待在图书室里，而在黄昏时去吉默吞教堂。因此，凯瑟琳只能自己找点乐子。

那是一个美丽的春日。等她父亲去休息了，年轻的小姐便走下楼，穿戴整齐要出门。她请求跟我一起去荒野边上散散步。林顿先生给她准了假，但我们要在一个小时内回来。

她在我前面蹦蹦跳跳地走着，像条小猎犬一样。起初，很多事物都让我感到身心舒畅。听听云雀的歌声，感受着温暖和煦的阳光，再看看她，我的宝贝，我的欢乐，眼睛里闪烁着无忧无虑的喜悦之光。那些日子里，她是个快活的小东西，是个天使。

她远远跑在前面，我朝她喊了一声。她要么没听到，要么毫不在意。她继续往前跑，我不得不跟在后面，直到我们接近呼啸山庄。最后，她钻进一个山坳。等我再看见她时，有两个人拦住了她。我确信其中一人就是希斯克利夫先生本人。

跟希斯克利夫说话的时候，她注意到了哈里顿，便说她之前见过他。希斯克利夫没有回应这句话，但他提起来，她之前见过他的儿子，并怂恿凯茜和我到他家里去。

我清楚这提议不好。但我没法说服凯茜不要去，因为凯茜很想知道希斯克利夫的儿子是谁。希斯克利夫跟我说起过，他希望这对表姐弟能够爱上彼此，然后结婚。当凯茜和林顿真的见面时，他们起初没有认出彼此。虽然林顿如今比凯茜高了，他的身体仍旧不大好。

“你就没有什么东西要给你表姐看看，连只兔子也没有吗？趁着还没换鞋，带她到花园里去。再到马厩里看看你的马。”希斯克利夫看着林顿。

“你不情愿在这儿坐坐吗？”林顿问凯茜。

“我不知道。”她答道，朝门投去了渴望的眼神，显然想要活动活动。

他朝火堆缩了缩身体。希斯克利夫站起身，走到院子里，大喊哈里顿的名字。

“啊，姑父，”凯茜小姐叫道，“他难道不是我表弟，是吗?”

“是你表弟,”希斯克利夫答道,“你母亲的侄子。你不喜欢他吗?他不是个漂亮的小伙子吗?”

接着他朝哈里顿叫道:

“跟她去农场逛逛。像个绅士一样,记住了!别说脏话。也别盯着人,说话慢点儿,把手从口袋里拿出来。”

他看着两个年轻人从窗前走过。

“我让他闭嘴了,”希斯克利夫说,“他现在一个字都不敢说!奈莉,我像他这么大的时候,看起来这么笨吗?”

“更糟糕,”我说,“因为你更阴沉些。”

希斯克利夫咯咯地发出一声坏笑。我没理他。这时,年轻的林顿开始感到不自在,因为坐得离我们太远,听不到我们说话。他不安地朝窗户瞥了一眼。

“起来,你这懒散的小子!”希斯克利夫假装热心地叫道,“追他们去!”

林顿打起精神,离开了壁炉边。

希斯克利夫走后,我听见凯茜在嘲笑哈里顿不识字。

第二天,凯茜把她去呼啸山庄的事一五一十都告诉了父亲。埃德加试图跟凯茜解释,为什么不让她接近她姑父和表兄弟们,但她不理解他的想法。埃德加还命令女儿不许跟林顿有任何接触。这让凯茜非常沮丧。她开始秘密地和林顿通起信来。我发现了这件事，把林顿写给凯茜的信悄悄销毁。但我没有告诉埃德加。

一天早上，我用一张纸条回信道："请希斯克利夫少爷不要再给林顿小姐送信了，她收不到。"

第11章

夏去秋来。那年的收成姗姗来迟。林顿先生和他女儿常常在收割工中间走动。有一次，他们在外面一直待到暮色四合，晚上的天气阴冷潮湿。我的主人得了很严重的感冒，整个冬天都待在室内。那个冬天，凯茜基本上没时间去想林顿，因为她在忙着照顾父亲。她以为他快死了。

十月的一个爽朗的下午，小径上的枯叶发出簌簌的声响，冷冽的蓝天有一半被雨云覆盖着。年轻的小姐仍然坚持散步。我只好不情愿地拿起雨伞，陪她到庄园下面散步。

我们聊着天，慢慢走近路边的一扇门。凯茜爬上去，坐在墙顶。她努力伸手，想采一些玫瑰。探身去摘的时候，她的帽子掉了下来。因为门是锁着的，她便提议爬下去捡。我告诉她要小心，她敏捷地跳了下去。

但再回来就没那么容易了。石头很滑。我听见她笑着叫道:“艾伦！你得去找钥匙了。这边我爬不上去！”

在我找能开门的钥匙时，希斯克利夫出现了。他斥责凯茜给林顿写了几个月的信后，又突然不写了。他声称她在玩弄林顿的感情，而他因为心碎快死了。希斯克利夫告诉凯茜，他要在外面待一个星期。

希斯克利夫引马向前。他弯下腰说:“凯茜小姐，发发善心吧，去看看他。他日日夜夜想着你。你既不写信，又不去看他，他以为你很讨厌他。”

雨水开始穿过萧萧树枝往下落。我们匆匆忙忙往家赶，谁都没有提跟希斯克利夫的偶遇。但我猜凯瑟琳心里现在愁云密布，更加阴郁了。凯茜听了希斯克利夫的话，感到十分内疚。第二天，我就伴在年轻小姐的小马旁，去了呼啸山庄。我不忍看到她伤心难过，所以屈服了。

那是一个雾气蒙蒙的早晨，下了霜，又飘着细雨。临时汇成的水流穿过路面，我的脚全打湿了。我很恼怒，情绪低落。我们从厨房走进呼啸山庄。希斯克利夫真的不在。

林顿比先前更加可怜。他抱怨仆人，又抱怨凯茜，先是说她不去看他，又说她只是写信。

“你高兴见到我吗?”她问。

“是的，我很高兴。听到你的声音，感觉很新鲜！”他答道。“但我一直很苦恼，因为你不来。爸爸骂我说，因

希斯克利夫引马向前

为我是个可怜又不中用的东西。他说你瞧不起我。但你没有瞧不起我，是吗?”

“瞧不起你? 没有! 除了爸爸和艾伦，我最爱的就是你。但我不爱希斯克利夫。他要在外面待很多天吗?”

“不会很久，”林顿答道，“但他常常去荒野上，去打猎。你可以陪我一两个小时。快说你愿意。你总是乐意帮我的，对不对?”

“是的，”凯瑟琳一边说，一边抚摸着他柔软的长发，“只要我能得到爸爸的同意，我一半时间都来找你。漂亮的林顿! 真希望你是我的亲弟弟。”

“爸爸说如果你成为我的妻子，对我的爱就会超过你对父亲的爱。所以我更想让你当我的妻子。”

“不，我永远不会爱别人胜过爸爸，”她严肃地说，“人们有时候恨自己的妻子，但不会恨他们的兄弟姐妹。”

林顿否认人们会恨自己的妻子。但凯茜坚持是这样，并举例说他自己的父亲就很憎恨她的姑姑。

“爸爸告诉我的。爸爸不说假话。”她答道。

“我爸爸说你爸爸是个鬼鬼祟祟的傻子!”林顿叫道。

“你爸爸是个坏人。”凯瑟琳还嘴。

“好，我来告诉你件事吧!”林顿说，“你妈妈恨你爸爸。”

“啊!”凯瑟琳叫道，显然被激怒了。

“而她爱的是我的爸爸。”他又补充了一句。

“你这个小骗子！现在我恨你！”她喘着气说，脸因为激动涨得通红。凯茜猛地推了一把他的椅子，他一只胳膊先着地摔了下来。他马上狂咳起来，几乎喘不过气。咳嗽持续了好长时间，连我都被吓到了。

“你现在感觉怎么样，希斯克利夫少爷？”我问道。

他叹了口气，呻吟起来，仿佛处在巨大的痛苦之中，就这样持续了一刻钟。

“抱歉伤到你了，林顿，”她最后说，“但我没想到我那么轻轻一推会伤到你。伤得没有很严重吧，林顿？跟我说话！”

“我没法跟你说话，”他喃喃道，“我要整夜都躺在床上，一直咳嗽，睡不着觉。”他开始大声哀号起来，陷入自怨自怜中。

“一定要我走吗？”凯瑟琳难过地说，“你想让我走吗，林顿？”

“起码让我一个人静静吧，”他说，“我受不了听你说话。”

她逗留了一会儿。他一直低着头，也不说话，最终她朝门走去，我跟在后面。

我们在晚餐之前回到家。我匆忙去换自己浸湿的鞋袜，但第二天还是感冒了。有三个星期的时间我都没法干活。

我的小姐像天使一般照顾我，在我孤独时给我带来欢乐。她离开林顿先生的房间，就会出现在我床边。她的白日被我俩占据。她疏于三餐，放下学业，不再玩耍。她是最贴心的护士。

但是过了六点，晚上就是属于她的时间了。我从来没想过，喝茶后她一个人都做些什么。当她探头进来跟我道晚安时，我经常在她脸颊上看到一种鲜艳的色彩。我以为是在图书室烤火的缘故，没想到是冒着严寒骑马穿过荒野造成的。

第12章

等我身体康复后，我注意到凯茜到了晚上就变得焦躁不安。凯茜假装早早休息了。我在房子里到处都找不到她，就在她房间里等她回来。凯茜起初试图撒一个蹩脚的谎，但很快便坦露实情。“我去呼啸山庄了，艾伦。”

她有一次去呼啸山庄时，哈里顿拦住她，说他认得门上的名字了。然而，凯茜问他认不认识数字。他承认不认得，她再一次取笑了他。这惹恼了哈里顿。她去见林顿时，哈里顿冲进房间，逼着林顿上楼。之后哈里顿想跟凯茜道歉，但她拒绝听他说话。

三天后，凯茜又去了。但林顿却因为先前的问题而责备她，于是她离开了。等她两天后再去时，她告诉林顿这是她最后一次去看他。

“既然你不喜欢我，林顿，既然你觉得我来是故意伤害你，那么这是我们最后一次见面。让我们互相道别吧。

告诉希斯克利夫先生你不想见我。”

“坐下来，凯瑟琳，”他答道，“你比我快乐多了，你应该更好地生活。爸爸总是耻笑我，让我怀疑自己的价值。我感到愤怒又痛苦。我恨每一个人！我脾气差，精神又不好，几乎总是这样。如果你乐意，你可以跟我说再见。只是，凯瑟琳，要相信你的善良让我爱你更深。虽然我总是忍不住在你面前展露自己的本性，但我为此感到后悔。我要一直悔恨到死！”

我听了凯茜的故事，之后马上把所有事都告诉了埃德加。林顿先生非常惊慌，也很苦恼。到了早上，凯瑟琳知道我背叛了她。她还知道，她的秘密拜访就要到头了。

她徒劳地哭泣着。唯一的安慰是，她父亲承诺会写信，让林顿来画眉田庄。

凯茜顺从了父亲的意愿。我告诉埃德加，林顿身体状况不佳。他承认他很担忧凯茜是否能幸福。他甚至让步说，要是嫁给林顿能让凯茜幸福，他就同意，尽管这意味着希斯克利夫又达到了自己的目的。

林顿一直没来画眉田庄。凯茜求了又求，埃德加才同意凯茜和林顿一起在荒野上见见。

到了第一次约定的在荒野上相见的时间，林顿却不在约好的地方，而是在离呼啸山庄很近的地方。凯茜和我都担心林顿的健康，但他坚持说自己正变得越来越强壮。整

整个见面期间，他都非常紧张和害怕

个见面期间，他都非常紧张和害怕，不时往后看看他家的房子。等到要走的时候，凯茜跟林顿保证说，她会在下个周四再来见他。

接下来的一周里，埃德加的健康状况持续恶化。凯茜因此不得不骑马去见林顿。在那儿的时候，希斯克利夫来了，想知道埃德加是不是真的要死了。希斯克利夫担心林顿会在埃德加之前死。

希斯克利夫让凯茜陪她表弟一起走回呼啸山庄。虽然凯茜温和地提醒希斯克利夫，父亲不许她去山庄，她还是违背了父亲的指令。林顿痛苦的叫声，还有希斯克利夫朝林顿发泄的怒火，说服了凯茜和我陪他们一起去。

等我们进去的时候，希斯克利夫囚禁了我们。要等凯茜和林顿结婚，他才会放她走。

“我若留下，爸爸会痛苦的。希斯克利夫先生，让我回家吧！”凯茜说，“我保证嫁给林顿。爸爸希望我嫁给他，而且我爱他。你为何要强迫我去做我自己本来心甘情愿要做的事呢？”

“住口！”希斯克利夫说，“我不要你多嘴。林顿小姐，想到你父亲会痛苦，我倒是开心得很。至于你答应嫁给林顿，我自有办法叫你遵守诺言。不办完这件事，你就休想离开这里。”

希斯克利夫在一间卧室里把凯茜和我锁了一夜。到了早上，他放凯茜出了房间，但我又被关了五天。其间我只能见到哈里顿，他是我的狱卒。

在我被关的第五天早上，希拉走进房间。她告诉我，村子里的谣言说我和凯茜在沼泽里迷路了。我找到林顿，他告诉我凯茜正被关着，不能被放出来。我无法解救凯茜，又不愿面对希斯克利夫，只好回到画眉田庄。

我让埃德加放心，说凯茜很安全，很快就回家了。我还派了几个仆人去呼啸山庄把凯茜带回家。仆人们空手而归。埃德加请来了律师格林先生，要修改自己的遗嘱。

三点钟，前门一阵急促的敲门声让我跳了起来。

“啊！只是格林。”我说。但不是那位律师。我可爱的小姐跳起来搂住我的脖子，啜泣着。“艾伦，艾伦！爸爸还活着吗？”在林顿的帮助下，凯茜逃了出来。

“是的，”我叫道，“是的，我的天使，他还活着。谢天谢地，你又安全回到我们身边了！”

埃德加和凯茜团聚了。凯瑟琳的绝望和她父亲的喜悦一样无声无息。她静静地抱住他。而他凝视着她，眼里满是喜悦。

埃德加安宁地死去了。他亲吻着她的脸颊，喃喃低语：“我要去见她了。你，我亲爱的孩子，会来找我们的！”他再也没有动，也不再说话，直到脉搏停止跳动，灵魂离开躯体。

那天晚上稍晚，格林先生来了，很快接管了画眉田庄。除了我，他解散了所有的仆人。他想把埃德加埋在小教堂，但我知道埃德加的遗愿是埋在妻子身边。凯茜可以待在画眉田庄，直到父亲的葬礼结束。

第13章

希斯克利夫来了，护送凯茜回家。他告诉她，因为林顿帮她逃走，他已经惩罚了他。他不允许凯茜住在画眉田庄。“我来带你回家，我希望你做个孝顺的儿媳妇。”

“为何不让凯瑟琳留在这儿，”我请求道，“而让林顿少爷来这里呢？你也不会想念他们。”

“我要给画眉田庄找个佃户，”他答道，“我想让孩子们留在我身边。而且，那小姑娘要吃饭就得给我干活。我可不想让她在林顿走后，过着奢华的生活，无所事事。快点去准备，现在就去。”

“我会的，”凯瑟琳说，“林顿是我在这个世界唯一爱的人。虽然你千方百计想让我们彼此怨恨，但你做不到。只要我在，我不许你伤害他。我不许你吓唬我！”

“你还真是个夸口的勇士，”希斯克利夫说，“让你讨厌他的不是我——是他自己的好性子。”

“我知道他天性不好，”凯瑟琳说，“他是你的儿子。但我也知道他爱我，所以我也爱他。希斯克利夫先生，没有人爱你。不管你令我们多么痛苦，想到你的残忍来自你更大的痛苦，我们都有复仇的快感。你很痛苦，不是吗？跟魔鬼一样孤单，嫉妒？没有人爱你——你死了没人会为你哭泣！我不会像你那样！”

凯瑟琳的语气带着一种悲伤的胜利感。她似乎下定决心，要走入她未来的家庭，并从敌人的痛苦中汲取快乐。

凯瑟琳打包东西的时候，希斯克利夫跟我坦白，他相信鬼魂，特别是凯瑟琳的鬼魂。自从十八年前她被埋葬，他就一直能感受到她的存在，并且能看到她。

这时凯瑟琳走进来，宣布自己做好了离开的准备。

“再会了，艾伦！”我亲爱的小姐低声说道。她亲吻我的时候，嘴唇冰冷。“来看看我，艾伦。别忘了。”

“不要来，迪恩夫人！”她的公公说道，“我想和你说话的时候，会来找你的。我不想你们任何人来我家打探！”

自从她走后，我再也没有见过她。我去呼啸山庄找她，约瑟夫不让我进去。他说林顿夫人很忙，主人不在。希拉跟我说了一些关于他们的事，否则我都不知道谁死了，谁活着。林顿死的那天，凯茜自己照顾着他。

迪恩夫人的故事讲完了。我很快恢复了力气。尽管当时只是一月的第二周，我还是说要骑马出门，到呼啸山庄去通知我的房东，接下来的六个月我要待在伦敦。我不要再在这里度过另一个冬天。

第14章

昨天风和日丽，又寒冷异常。如我所说，我去了呼啸山庄。管家请我带一封短信给她年轻的小姐。我答应了。

一开始，哈里顿拿走了信。但他注意到凯茜哭了，便把信还给了她。她仍旧对他很冷淡，并取笑他努力学习读书。哈里顿感到很难堪，便把书扔进火炉里。

希斯克利夫回来后，说哈里顿一天比一天更像凯瑟琳了。这是希斯克利夫没有预料到的，似乎让他深感不安。如今，除了他逝去的爱人的记忆，希斯克利夫还必须消化哈里顿和他凯瑟琳姑妈越来越像这一事实。过往的记忆，再加上眼前相似的脸，开始让希斯克利夫日渐消沉。

我与阴沉的希斯克利夫，还有迟钝的哈里顿一道，吃了一顿乏味的晚餐，然后道了晚安。我本想从后门离开，最后再看一眼凯瑟琳。但哈里顿收到指令，牵来我的马。主人自己陪我走到门口，所以我未能如愿。

“那座房子里的生活真是太沉闷了！”我骑马走在路上的时候心想。

六个月后，我回到那个地方，又去了画眉田庄，结果发现奈莉现在住在呼啸山庄。我赶到那里，奈莉讲了我离开后发生的事。

您离开画眉田庄后两周，迪恩夫人说，我被请去呼啸山庄给凯茜做伴，因为希拉离开了。我在那里的时候，凯茜向我承认，取笑哈里顿是不对的。哈里顿躲着凯茜，而希斯克利夫避着所有人。

哈里顿不小心射伤了自己，于是不得不待在室内。凯茜和哈里顿终于重归于好，答应好好做表兄妹。作为一种求和的方式，凯茜包了一本书，让我把它交给哈里顿。如果他收下这本书，凯茜就教他认字，并发誓再也不取笑他。

第二天早上吃早餐，哈里顿在凯茜和希斯克利夫吵架时，站在了凯茜这一边。希斯克利夫想打凯茜，但在直视凯茜的眼睛时，他控制住了自己。那天晚上，他看见哈里顿和凯茜坐在一起。凯茜的眼睛和哈里顿整个人都让他想到凯瑟琳。这时，希斯克利夫跟我承认，他不想再完成自己的复仇了。在呼啸山庄的每一个角落，希斯克利夫都常常想起凯瑟琳。这让他备受折磨。

希斯克利夫继续独来独往，一天只吃一顿饭。几天后的一个晚上，他出门了，整个晚上都在外面。早上他回来后，凯茜说他实际上非常和蔼可亲。他拒绝任何食物。我鼓动他请牧师来，他嗤之以鼻，提醒我他希望如何安葬。后来，我去请医生，但希斯克利夫拒绝看医生。第二天晚上，我发现希斯克利夫死了。哈里顿是唯一为希斯克利夫的死哀悼的人。他们根据他的遗愿安葬了他。

但村里的人都发誓看到过希斯克利夫散步。还有人说起曾经在教堂附近，荒野上，甚至在呼啸山庄里碰到过他。厨房里的老伙计信誓旦旦地说，自从希斯克利夫死后，在每一个下雨的夜晚，都能看见他从他房间的窗子里望出去。

Table of Contents

CHAPTER
1

It was 1801. I had just returned from a visit to my landlord—the lonely neighbour that I should be troubled with in this beautiful country! He little imagined how my heart warmed towards him as I rode up.

"Mr. Heathcliff?"

A nod was the answer.

"Mr. Lockwood, your new tenant at Thrushcross Grange, sir."

"Walk in." But the invitation was given with closed teeth. And it was not till my horse's breast fairly pushed the barrier that he put out his hand to unchain it. I felt interested in a man who seemed more reserved than myself as he led me up the causeway.

"Joseph, take Mr. Lockwood's horse; and bring up some wine." He called.

Joseph was an old man, very old. "The Lord help us!" he said to himself in an undertone as he relieved me of my horse.

Wuthering Heights was the name of Mr. Heathcliff's house. "Wuthering" was a local word, describing the violent weather to which the place is exposed. Its owner was a dark-skinned gipsy in aspect, in dress and manners a gentleman, with erect and handsome figure, but gloomy air. One step from the outside brought us into the family living-room.

While enjoying a month of fine weather at the sea-coast, I was thrown into the company of a fascinating girl: a goddess in my eyes, as long as she took no notice of me.

I took a seat by the hearth, and filled the silence by attempting to caress the dog. She was sneaking wolfishly to the back of my legs, her lip curled up, ready to bite. My caress caused a long snarl.

"You'd better let the dog alone," growled Mr. Heathcliff, as he checked her with a punch of his foot. "She's not accustomed to be spoiled."

Joseph mumbled in the depths of the cellar, but did not appear. His master dived down to him, leaving me with the dog and a pair of grim shaggy sheep-dogs. I sat still; but I unfortunately indulged in winking and making faces at them. I so irritated the female dog that she suddenly broke into a fury and leapt on my knees.

I flung her back, and quickly put the table between us.

"What the devil is the matter?" asked Heathcliff, as he returned.

"What the devil, indeed!" I muttered. "You might as well leave a stranger with a brood of tigers!"

"They won't meddle with persons who touch nothing," he remarked. "The dogs are right to be vigilant. Take a glass of wine."

Before I went home I determined to volunteer another visit to my sulky landlord, though he did not seem to wish for it.

Yesterday afternoon set in misty and cold. I had half a mind to spend it by my study fire, instead of wading through heath and mud to Wuthering Heights. After dinner, however, I stepped into my study to see a servant-girl on her knees surrounded by brushes, and raising a lot of dust. So I took my hat, and, after a long walk, arrived at Heathcliff's garden-gate just in time to escape the first feathery flakes of a snow-shower.

The weather was cold, and the ground was frozen. After yelling at the old servant Joseph to open the door, I was finally let in by a peasant-like young man.

"Sit down. He'll be in soon."

It glowed delightfully in the radiance of a huge fire. Near the table, laid for a plentiful evening meal, I was pleased to observe the miss, a person whose existence I had not suspected. I bowed and waited, thinking she would bid me take a seat. She looked at me, leaning back in her chair, and said nothing.

"Rough weather!" I said. "I'm afraid, Mrs. Heathcliff, I had hard work to make your servants hear me."

She never opened her mouth. I stared and she stared also, in a cool manner. It was very embarrassing and disagreeable.

In the room sat the miss, motionless and silent. She was slender, scarcely past girlhood, with the most fine little face I have ever had the pleasure of watching. Her eyes, had they been agreeable in expression, would have been irresistible. But the only sentiment they showed hovered between scorn and a kind of desperation. As for the young man who had brought me in, he wore a shabby jacket. He was standing before the fire and gazing down on me from the corner of his eyes. He seemed to suspect me of making advances to the girl. The entrance of Heathcliff relieved me from an uncomfortable state.

Heathcliff demanded tea savagely, and I decided I didn't really like him. I tried to make conversation again, but I got into trouble. I first assumed that the girl was Heathcliff's wife, and then that she was married to the young man, whom I supposed to be Heathcliff's son.

I was rudely corrected. The girl was Heathcliff's daughter-in-law but her husband was dead, as was Heathcliff's wife. The young man was Hareton Earnshaw.

Now, before passing the threshold, I had noticed over the principal door the name "Hareton Earnshaw" and the date "1500". Evidently the place had a history.

The snow had fallen so deeply since I entered the house. Return across the moor in the dusk was impossible.

I requested a guide so I could return home safely, but I was refused. Heathcliff considered it more important that Hareton take care of the horses. Joseph, who was evidently a religious fanatic, argued with the girl. She frightened him by pretending to be a witch. The old servant didn't like her reading.

I left and was ignored by all. I tried to take a lantern. But Joseph offensively accused me of stealing it, and set dogs on me. I was humiliated, but Heathcliff and Hareton laughed. The cook, Zillah, took me in and said I could spend the night.

Zillah quietly showed me to a chamber which, she said, Heathcliff did not like to be occupied. She didn't know why, having only lived there for a few years.

I spent that night at Wuthering Heights on an old-fashioned couch in a disused chamber. I found, scratched on the paint many times, the names "Catherine Earnshaw", "Catherine Heathcliff", and again "Catherine Linton". There were many books in the room in a damaged state. Being unable to sleep, I examined them. Some of them bore the words "Catherine Earnshaw, her book". And on the blank leaves and margins, scrawled in a childish hand, was a regular diary. I read: "Hindley is detestable. Heathcliff and I are going to rebel... How little did I dream Hindley would ever make me cry so! Poor Heathcliff! Hindley calls him a vagabond, and won't let him sit or eat with us anymore."

Apparently Heathcliff was a vagabond taken in by Catherine's father. He was raised as one of the family. But when the father died, Hindley made him a servant and threatened to throw him out, to Catherine's sorrow.

I then fell asleep over a religious book, and had a nightmare about a preacher leading a violent mob. I woke up, heard that a sound in my dream had really been a branch rubbing against the window, and fell asleep again. This time I dreamed that I wanted to open the window to get rid of the branch. But when I did, a little, ice-cold hand grabbed my arm, and a voice sobbed "let me in".

I asked who it was, and was answered, "Catherine Linton. I'm coming home. I'd lost my way on the moor." I saw a child's face and, afraid, drew the child's wrist back and forth on the broken glass of the window so that blood soaked the sheets. Finally I got free, and insisted that I would not let the creature in, even if it had been lost for twenty years, as it claimed.

I woke up screaming.

Hasty footsteps approached my chamber door. Somebody pushed it open, and a light glimmered through the squares at the top of the bed. I sat shuddering, and wiping the sweat from my forehead. The intruder appeared to hesitate. At last, he said, in a half-whisper, plainly not expecting an answer, "Is anyone here?"

I thought it best to confess my presence. I knew Heathcliff's voice, so I turned and opened the panels.

Heathcliff stood near the door, in his shirt and trousers. A candle was dripping over his fingers. His face was as white as the wall behind him. The first creak of the oak panel startled him like an electric shock. The candle leaped from his hold. His anger was so extreme that he could hardly pick it up.

"It is only your guest, sir," I called out, to spare him the humiliation of exposing his cowardice further. "I screamed in my sleep, owing to a frightful nightmare. I'm sorry I disturbed you."

"Oh, Mr. Lockwood!" My host set the candle on a chair, finding it impossible to hold it steady. "And who showed you into this room?" he continued, grinding his teeth. "Who was it? I've a good mind to turn them out of the house!"

"It was Zillah," I replied, standing and rapidly pulling on my clothes.

I told him what happened, mentioning the dream and Catherine Linton's name, which distressed and angered Heathcliff.

I went to the kitchen. On my way I heard Heathcliff at the window, despairingly begging "Cathy" to come in.

"Come in! Come in!" he sobbed. "Cathy, do come. Oh, do—once more! Oh! My heart's darling! Hear me this time, Catherine, at last!" The snow and wind whirled wildly through, blowing out the light.

I was embarrassed by my host's obvious agony. There was such anguish in his grief and raving that I was moved. I felt half angry to have listened, and annoyed at having related my nightmare. I went cautiously downstairs, and landed in the back-kitchen. There a gleam of fire enabled me to relight my candle. Nothing was stirring except a grey cat, which crept from the ashes with a mew.

Morning came. I witnessed an argument between Heathcliff and the girl, who had been reading. Heathcliff bullied her, and she resisted. Heathcliff walked me most of the way home in the snow.

My housekeeper and servants rushed to welcome me, exclaiming that they thought that I had perished last night. I bid them be quiet and numbly dragged upstairs. I put on dry clothes, and paced to and fro for thirty minutes to restore warmth to my limbs. Then I retired to my study, feeble as a kitten. I was almost too weak to enjoy the cheerful fire and steaming coffee which the servant had prepared for me.

I was bored and a little weak after my adventures. When my housekeeper, Mrs. Nelly Dean, brought in my supper that night I asked her why Heathcliff left the Grange and preferred living in such a residence.

"He's rich enough to live in a finer house than this," said Mrs. Dean. "But he's very close-handed. Young Mrs. Heathcliff is my late master's daughter—Catherine Linton was her maiden name. And I nursed her, poor thing. Hareton Earnshaw is her cousin, and the last of an old family."

"The master, Heathcliff, must have had some ups and downs to make him such a miser. Do you know anything of his history?"

"Sir, I know all about it, except where he was born, and who his parents were, and how he got his money. And Hareton Earnshaw has been cast out like a young sparrow."

"Will you tell me something of them? Be good enough to sit and chat an hour."

"Oh. Certainly, sir! I'll just fetch my sewing, and then I'll sit as long as you please. But you've caught cold, and must have some gruel to drive it out."

The worthy woman hurried out, and I crouched nearer the fire. My head felt hot, and the rest of me chilly. Moreover, I was excited through my nerves and brain, and fearful of serious effects from the incidents of today and yesterday. She returned with a steaming basin and a work-basket. Having placed the former on the hob, she sat down and began her tale.

CHAPTER
2

Before I came to live here, began Mrs. Dean, I was almost always at Wuthering Heights. My mother nursed Mr. Hindley Earnshaw, that was Hareton's father. I used to run errands and play with the children. One day, old Mr. Earnshaw, Hareton's grandfather, went to Liverpool. He promised Hindley and Cathy, his son and daughter, to bring each of them a present. He was absent three days. At the end of that time he brought home, bundled up in his arms under his great-coat, a dirty, ragged, black-haired child. The child was big enough both to walk and talk, but only able to talk gibberish nobody could understand. He had picked it up, he said, starving and homeless in the streets of

Liverpool. Mrs. Earnshaw was ready to fling it out of doors. But Mr. Earnshaw told her to wash it, give it clean things, and let it sleep with the children. The children's presents were forgotten. This was how Heathcliff, as they called him, came to Wuthering Heights.

Miss Cathy and Heathcliff soon became very close; but Hindley hated him. He was a patient, sullen child, who would stand blows without winking or shedding a tear. From the beginning he bred bad feeling in the house. Old Earnshaw took to him strangely, and Hindley regarded him as having seized his father's love. As for Heathcliff, he was insensible to kindness. For example, Earnshaw gave them each a colt. Heathcliff chose the finest, which went lame. Heathcliff then claimed Hindley's. When Hindley threw a heavy iron at him, Heathcliff threatened to tell Earnshaw about it if he didn't get the colt.

Cathy, a wild girl, with the bonniest eye, the sweetest smile, and the lightest foot in the parish, was much too fond of Heathcliff.

Earnshaw grew old and sick. With his illness he

became irritable and somewhat obsessed with the idea that people disliked his favorite Heathcliff. Heathcliff was spoiled to keep Earnshaw happy. Hindley, who became more and more bitter about the situation, was sent away to college. Joseph used his religious influence over Earnshaw to distance him from his children. Earnshaw thought Hindley was worthless. He didn't like Cathy's playfulness and high spirits. So in his last days he was bad-tempered and discontented.

Cathy was much too fond of Heathcliff. The greatest punishment we could invent was to keep her separate from him. Yet she got blamed more than any of us on his account. In play, she liked to command. But I would not bear her slapping and ordering me. So I let her know.

Now, Mr. Earnshaw had always been strict and grave with his children. Catherine had no idea why her father should be crosser and less patient than he used to be. His reproofs wakened in her a naughty delight to offend him. She was never so happy when we were all scolding her. She had more power over

Heathcliff than her father had. The boy would do her bidding in anything. After behaving badly all day, she sometimes came fondling to make it up with her father at night.

"Nay, Cathy," the old man would say, "I cannot love you. You are worse than your brother." At first that made her cry. But then being continually blamed hardened her. She laughed if I told her to say she was sorry.

But the hour came, at last. Old Mr. Earnshaw was lying quietly in his chair by the fireside one October evening. Cathy was resting her head against his knee and Heathcliff was lying on the floor with his head in her lap. A high wind blustered round the house, and roared in the chimney. We were all together. I was busy at my knitting, and Joseph was reading his book.

We all kept as silent as mice a full half-hour. Then Joseph got up and said that he must rouse the master for bed. He called him by name, and touched his shoulder. But he would not move. So he took the candle and looked at him. I thought there was something wrong as he set down the light. Seizing the children, he whispered to them to go upstairs, and make little din. He had something to do.

"I shall bid father good-night first," said Catherine, putting her arms round his neck. At once she screamed out, "Oh, he's dead, Heathcliff! He's dead!" And they both set up a heart-breaking cry.

I joined my wail to theirs, but Joseph told me to run for the doctor and the parson. I could not guess what use either would be. However, I went, through wind and rain, and brought the doctor back with me. The parson said he would come in the morning.

When I went to the children's room, I saw they had never lain down, though it was past midnight. But they were calmer, and did not need me to console them. The little souls were comforting each other with better thoughts than I could have hit on.

CHAPTER
3

Hindley who had been to college returned home suddenly. He brought his wife, a woman with a strange fear of death. Hindley also brought home new manners and rules. He told the servants that they would have to live in lower quarters. Most importantly, he treated Heathcliff as a servant. He stopped his education and made him work in the fields like any farm boy. Heathcliff did not mind too much at first because Cathy taught him what she learned, and worked and played with him in the fields.

They stayed away from Hindley as much as possible. They grew up uncivilized and free. But it was one of their chief amusements to run away to the moors in the morning and remain there all day. And they laughed at punishments.

One day they ran off after being punished, and at night Heathcliff returned. He told me what had happened. Heathcliff and Cathy ran to the Grange to see how people lived there. They saw the Linton children Edgar and Isabella in a beautiful room. They were crying after an argument over who could hold the pet dog. Amused and scornful, Heathcliff and Cathy laughed. The Lintons heard them and called for their parents. After making frightening noises, Cathy and Heathcliff tried to escape. But a bulldog bit Cathy's leg and refused to let go. She told Heathcliff to escape but he would not leave her, and tried to pry the animal's jaws open.

Mr. and Mrs. Linton mistook them for thieves and brought them inside. When Edgar Linton recognized Cathy as Miss Earnshaw, the Lintons expressed their disgust at the children's wild manners. Especially Heathcliff was allowed to keep Cathy company.

Heathcliff was dragged into the garden, and the door was locked. But Heathcliff spied on them.

Because, if Catherine wished to leave, he intended to shatter their great glass panes to a million fragments, unless they let her out.

Catherine sat on the sofa quietly. Mrs. Linton took off her cloak. The woman-servant brought a basin of warm water, and washed her feet. Mr. Linton mixed wine and lemon for her. Isabella emptied a plateful of cakes into her lap, and Edgar stood gaping. They dried and combed her beautiful hair, and gave her a pair of huge slippers. They wheeled her to the fire, where she was as merry as she could be. She kindled a spark of spirit in the vacant blue eyes of the Lintons—a dim reflection from her own charming face. They were full of stupid admiration. She is so superior to them—to everybody on earth.

Heathcliff went back to Wuthering Heights on foot after assuring himself that Cathy was all right.

The adventure made Earnshaw angry. Then Mr. Linton paid us a visit the next day, and read Hindley a lecture on how he guided his family. Heathcliff was not whipped. But he was told that the first word he spoke to Miss Catherine should ensure his dismissal. Mrs. Earnshaw tried to separate Cathy and Heathcliff. Cathy was to stay for a prolonged visit with the Lintons while her leg healed and Heathcliff was forbidden to speak to her.

Cathy stayed at Thrushcross Grange five weeks until Christmas. By that time her ankle was cured, and her manners much improved. Mrs. Earnshaw visited her often, and began her plan of reform by offering her fine clothes and flattery, which she took readily.

When she returned home she had been transformed into a young lady. Her eyes sparkled joyfully when the dogs came up. But she dared hardly touch them lest they should paw her splendid garments. She kissed me gently. I was all flour making the Christmas cake, and she could not give me a hug. Then she looked round for Heathcliff. Mr. and Mrs. Earnshaw watched anxiously.

"Heathcliff, come forward," cried Mr. Hindley, enjoying his uneasiness. "Come and wish Miss Catherine welcome, like the other servants."

Cathy flew to embrace him. She bestowed seven or eight kisses on his cheek before she stopped, and burst into a laugh, exclaiming, "Why, how very black and cross you look! And how funny and grim! But that's because I'm used to Edgar and Isabella Linton. Well, Heathcliff, have you forgotten me?"

Shame and pride kept him silent.

"Shake hands, Heathcliff," said Mr. Earnshaw, "once in a way that is permitted."

"I shall not," replied the boy, finding his tongue at last. "I shall not stand to be laughed at!" And he would have left, but Miss Cathy seized him again.

"I did not mean to laugh at you," she said. "Shake hands at least! Why are you sulky? It was only that you looked so dirty!"

She gazed concernedly at the dusky fingers she held in her own, and also at her dress. She feared it had been soiled.

"You needn't have touched me!" he answered, snatching away his hand. "I shall be as dirty as I please. And I like to be dirty, and I will be dirty." With that he dashed out of the room.

The boy had become more and more neglected in her absence, and was cruelly put in his place by Hindley and especially by Cathy's new polish. Cathy's affection for Heathcliff had not really changed, but he did not know this and ran out. He refused to come in for supper. I felt sorry for the boy.

The Linton children were invited for a Christmas party the next day. That morning Heathcliff humbly came to me and asked me to make him decent because he was going to be good. I applauded his decision and reassured him that Cathy still liked him and that she was grieved by his shyness. When Heathcliff said he wished he could be more like Edgar—fair, rich, and well-behaved, I told him that he could be perfectly handsome if he smiled more and was more trustful.

However, when Heathcliff, now clean and cheerful, tried to join the party, Hindley told him to go away because he was not fit to be there. Edgar unwisely made fun of his long hair. Heathcliff threw hot apple sauce at him, and was taken away and whipped by Hindley. Cathy was angry at Edgar for mocking Heathcliff and getting him into trouble, but she didn't want to ruin her party. She kept up a good front, but didn't enjoy herself, thinking of Heathcliff alone and beaten. At her first chance, after her guests had gone home, she crept into the garret where he was confined.

As Heathcliff had not eaten since yesterday's dinner, I let him go down. I set him on a stool by the fire, and offered him good things. But he was sick and could eat little. He leant his chin on his hands in thoughts. When I asked him the subject of his thoughts, he answered gravely:

"I'm trying to settle how I shall pay Hindley back. I don't care how long I wait, if I can only do it at last. I hope he will not die first!"

"For shame, Heathcliff!" said I. "We should learn to forgive."

"No," he returned. "I only wish I knew the best way! Leave me alone, and I'll plan it. While I'm thinking of that I don't feel pain."

CHAPTER
4

On the morning of a fine June day, Hindley's wife Frances gave birth to a child, Hareton, but did not survive long afterwards. She was seriously sick. Despite the doctor's warnings, Hindley persisted in believing that she would recover. She seemed to think so too, always saying she felt better. But she died a few weeks after Hareton's birth.

I was happy to take care of the baby. Hindley grew desperate. He neither wept nor prayed, but cursed everybody. The household more or less fell into violent confusion. Respectable neighbors ceased to visit, except for Edgar, delighted by Catherine.

Heathcliff's ill treatment and the bad example posed by Hindley made him daily more sullen and savage. He was delighted to see Hindley degrading himself.

Catherine disliked having Edgar visit Wuthering Heights because she had a hard time behaving consistently when Edgar and Heathcliff met, or when they talked about each other. Edgar's presence made her feel as though she had to behave like a Linton, which was not natural for her.

One day when Hindley was away, Heathcliff was offended to find Catherine dressing for Edgar's visit. He asked her to turn Edgar away and spend the time with him instead. But she refused. Edgar was by this time a gentle, sweet young man. He came and Heathcliff left, but I stayed as a chaperone.

Edgar had a sweet, low manner of speaking, softer than we talk here.

"I'm not coming too soon, am I?" he said, looking at me. I began to tidy the dresser.

"No," answered Catherine. "What are you doing there, Nelly?"

"My work, Miss," I replied. Mr. Hindley had told

me to stay during any private visits Linton paid.

She stepped behind me and whispered crossly, "Take yourself off! When company is in the house, servants don't start cleaning!"

I went on with my occupation. Thinking Edgar could not see her, she snatched the cloth from my hand, and pinched me on the arm. I've said I did not love her, and she hurt me extremely. So I started up from my knees, and screamed out, "Oh, Miss, that's a nasty trick! You have no right to nip me."

I was glad to have a chance to show Edgar what Catherine was like. Catherine denied having pinched me. She was blushing with rage, and slapped me, then slapped Edgar for reproving her.

The visitor moved to take up his hat, pale and with a quivering lip.

"Where are you going?" demanded Catherine, blocking the door. "You must not go! You shall not leave me in that temper. I should be miserable all night, and I won't be miserable for you!"

"Can I stay after you have struck me?" asked Linton. "You've made me afraid and ashamed of you.

I'll not come here again!"

Her eyes began to glisten.

"And you told a deliberate untruth!" he said.

"I didn't!" she cried, "I did nothing deliberately. Well, go, if you please! And now I'll cry myself sick!"

She dropped on her knees, and set to weeping. Edgar went out as far as the courtyard. There he lingered.

He looked through the window. He had no power to leave. Ah, I thought, he's doomed! And so it was: he turned, entered the house again, and shut the door behind him. When I went in a while after to inform them that Earnshaw had come home drunk, I saw the quarrel had merely brought them closer together. It had broken through their youthful timidity, and enabled them to confess themselves lovers.

The news of Mr. Hindley's arrival drove Linton speedily to his horse, and Catherine to her room. I went to hide little Hareton. I took the shot out of the master's shotgun, which he was fond of playing with in his mad excitement.

Hindley came in raging drunk and swearing. He caught me when I was trying to hide Hareton in a cupboard for his safety. Hindley threatened to make me swallow a carving knife, and even tried to force it between my teeth. But I bravely said I'd rather be shot, and spat it out.

Then he took up Hareton and said he would crop his ears like a dog. Hearing Heathcliff walking below, Hindley accidentally dropped the child, but fortunately Heathcliff caught him. Looking up to see what had happened, he showed great pain at having prevented his own revenge. He hated Hindley so much that he would have liked to have him kill his own son by mistake.

Hindley stepped down, sobered and ashamed.

"It is your fault, Ellen," he said, "You should have kept him out of my sight! Is he injured?"

"Injured!" I cried angrily, "I wonder his mother does not rise from her grave. You're worse than a devil. You treat your own child in that manner!" He attempted to touch the child, who cried louder than ever and struggled.

"You shall not meddle with him!" I continued. "He hates you. They all hate you! A happy family you have; and a pretty state you have come to!"

Hindley was somewhat shaken, and began to drink more. Heathcliff told me he wished Hindley would drink himself to death. But that was unlikely to happen as he was too strong.

In the kitchen Cathy came to talk to me. Neither of us knew Heathcliff was in the room, sitting behind the settle. Cathy said she was unhappy, that Edgar had asked her to marry him, and she had accepted. She asked me what she should have answered. I asked her if and why she loved Edgar.

"Well, because he is handsome, and pleasant to be with."

"Bad!" I said.

"And because he is young and cheerful."

"Bad, still."

"And because he loves me."

"Indifferent."

"And he will be rich, and I shall like to be the greatest woman of the neighbourhood. And I shall be proud of having such a husband."

"Worst of all. And now, say how you love him?"

"I love the ground under his feet, and the air over his head, and everything he touches, and every word he says. I love all his looks, and all his actions, and him entirely and altogether."

I disapproved, and Cathy admitted that she was sure she was wrong. She had had a dream in which she went to heaven and was unhappy there because she missed Wuthering Heights. She said:

"I have no more business to marry Edgar Linton than I have to be in heaven. If the wicked man in there had not brought Heathcliff so low, I shouldn't have thought of it. It would degrade me to marry Heathcliff now. So he shall never know how I love him, not because he's handsome, Nelly, but because he's more myself than I am. Whatever our souls are made of, his and mine are the same. And Linton's is as different as a moonbeam from lightening, or frost from fire."

Before this speech ended I became aware of Heathcliff's presence. Noticing a movement, I turned my head, and saw him steal out noiselessly. He had listened till he heard Catherine say it would degrade her to marry him. Then he stayed to hear no further. She did not hear Cathy's confession of love.

I told Cathy that Heathcliff would be neglected if she married Linton. Cathy angrily replied that she had no intention of neglecting Heathcliff. She would use her influence to raise him up. I said Edgar wouldn't like that. Cathy replied, "Every Linton on the face of the earth might melt into nothing, before I could agree to betray Heathcliff!"

Later that night it turned out that no one knew where Heathcliff was. Cathy went out in the storm looking for him, unsuccessfully. He had run away. The next morning she was sick. After some time she went to stay with the Lintons. It was a healthier environment, and she got better. However Edgar and Isabella's parents caught the fever from her and died within a few days of each other.

Catherine returned to Wuthering Heights. Heathcliff had never been heard of since the evening of the thunderstorm. When I said that Heathcliff's disappearance was her fault, Cathy stopped speaking to me. She married Edgar three years after Mr. Earnshaw's death. I unwillingly went to live with her at the Grange, leaving Hareton to live with his wretched father and Joseph.

CHAPTER 5

Catherine got along surprisingly well with her husband and Isabella, mostly because they never opposed her. She had seasons of gloom and silence though. Edgar took these for the results of her serious illness.

When they had been married almost a year, Heathcliff came back.

One evening in September, I was coming from the garden with a basket of apples. It was dusk, and the moon looked over the high wall of the court, causing shadows to lurk in the corners. I set my burden by the kitchen-door, and lingered to rest. I was drawing in the soft, sweet air, when I heard a voice behind me. "Nelly, is that you?"

It was a deep voice, and foreign in tone. But something in its manner sounded familiar. I turned around fearfully, for I had seen nobody. Something stirred in the porch. I distinguished a tall man dressed in dark clothes, with dark face and hair.

"Who can it be?" I thought.

"I have waited here an hour," he resumed, "and the place has been as still as death. I dared not enter. You do not know me? I'm not a stranger!"

A ray fell on his features. The cheeks were yellow, and half covered with black whiskers; the brows lowering, the eyes deep-set and strange. I remembered the eyes.

"What!" I cried in surprise. "Is it really you?"

"Yes. Heathcliff," he replied, glancing up to the windows.

He asked me to tell Catherine someone wanted to see her. He was quite changed. He was now a tall and athletic man who looked as though he might have been in the army, with gentlemanly manners and educated speech. But his eyes contained a half-civilized violence. Catherine was overjoyed and didn't understand why Edgar didn't share her happiness. Heathcliff stayed for tea, to Edgar's anger. Heathcliff said that he was staying at Wuthering Heights.

He paid Hindley generously, but won his host's money at cards. Catherine wouldn't let Heathcliff actually hurt her brother.

In the following weeks, Heathcliff often visited the Grange. Edgar Linton's sister, Isabella, a charming young lady of eighteen fell in love with Heathcliff, to her brother's dismay. Isabella got angry at Catherine for keeping Heathcliff to herself. Catherine warned her that Heathcliff was a very bad person to fall in love with and that Isabella was no match for him.

"He's a fierce, pitiless, wolfish man. He'd crush you like a sparrow's egg, Isabella, if he found you troublesome."

"I don't believe you!" said Miss Linton.

"Ah! You think I speak from wicked selfishness?"

"I'm certain you do," retorted Isabella.

"Good!" cried the other. "Try for yourself."

The next day, my master was out, and Mr. Heathcliff called in his absence. Catherine and Isabella were sitting in the library, on hostile terms. As Heathcliff passed the window, I noticed a naughty smile on Catherine's face.

"Come in!" she exclaimed gaily. "We need someone to melt the ice between us. And you are the very person. Heathcliff, I'm proud to show you, at last, somebody that dotes on you more than I do. My poor little sister-in-law is breaking her heart over you. It lies in your power to be Edgar's brother!"

"Catherine!" said Isabella, with dignity, "I'd thank you to keep to the truth and not slander me, even in joke! Mr. Heathcliff, what amuses her is painful to me."

The guest answered nothing, but looked thoroughly indifferent. Isabella whispered to Catherine to let her go.

"By no means!" cried Mrs. Linton. "You shall stay! Heathcliff, why aren't you pleased? Isabella swears that the love Edgar has for me is nothing to that she has for you."

Humiliated, Isabella tried to run away, but Catherine held her. Isabella scratched Catherine's arm and managed to escape.

When alone with Catherine, Heathcliff expressed interest in marrying Isabella for her money and to enrage Edgar. He said he would beat Isabella if they were married because of her pale and yellow face.

CHAPTER 6

I went to visit Wuthering Heights to see how Hindley and Hareton were doing. I saw little Hareton outside, but he didn't recognize me as his former nurse. He threw a rock at me and cursed. I found that his father had taught him how to curse, and that Hareton liked Heathcliff because he defended Hareton from Hindley's curses, and allowed Hareton to do what he liked. I was going to go in when I saw Heathcliff there. Frightened, I ran back home.

The next time Heathcliff visited Thrushcross Grange, I saw him kiss Isabella in the courtyard. I told Catherine what had happened. When Heathcliff came in, the two had an argument. Heathcliff said he had a right to do as he pleased, since Catherine was married to someone else. He said, "You are welcome to torture me to death for your amusement. Only, allow me to amuse myself a little in the same style."

Edgar came in while Catherine was scolding Heathcliff. Edgar scolded Catherine for talking to that blackguard. This made her very angry, since she had been defending the Lintons. Edgar ordered Heathcliff to leave, who scornfully ignored him. My master signed me to fetch the servants. Mrs. Linton, however, pulled me back, slammed the door, and locked it. She threw the key into the fire when Edgar tried to get it from her. Catherine and Heathcliff mocked the humiliated and furious Edgar, so he hit Heathcliff and went out by the back door to get help. I warned Heathcliff that he would be thrown out by the male servants if he stayed, so he chose to leave.

Mrs. Linton excitedly told me to come with her upstairs. Catherine expressed her anger at her husband and Heathcliff.

"I did not care what they did to each other! Well, if I cannot have Heathcliff for a friend, if Edgar will be mean and jealous, I'll break their hearts by breaking my own. That will show them! You must remind Edgar of my passionate temper. I wish you could look more anxious about me."

I said nothing when the master came to speak to her.

"Remain where you are, Catherine," he said without anger, but with much sorrow. "I shall not stay. I wish only to learn whether, after this evening's events, you intend to continue your intimacy with—"

"Oh, for mercy's sake," interrupted the mistress, stamping her foot, "let us hear no more of it now! Your veins are full of ice-water. But mine are boiling, and the sight of your chillness makes them dance."

"Answer my question," insisted Mr. Linton. "Will you give up Heathcliff, or me? It is impossible for you to be my friend and his. And I require to know which you choose."

"I require to be let alone!" exclaimed Catherine, furiously. "I demand it! Don't you see I can hardly stand? Leave me!"

She lay dashing her head against the arm of the sofa, and grinding her teeth, as if she would crash them!

Mr. Linton stood looking at her in sudden fear. He told me to fetch some water. I brought a glass full. As she would not drink, I sprinkled it on her face. She stretched herself out stiff, and turned up her eyes like one dead. Linton looked terrified.

"There is nothing the matter," I whispered.

"She has blood on her lips!" he said, shuddering.

"Never mind!" I answered. And I told him how she had resolved on showing a fit of frenzy.

She heard me. She started up with her eyes flashing, glared about her, and then rushed from the room. The master told me to follow. But she locked her chamber-door against me. She refused to come out or to eat for several days.

After three days in which Catherine stayed alone in her room, Edgar sat in the library, and Isabella moped in the garden. Catherine called me for some food and water because she thought she was dying.

I believed no such thing, so I kept it to myself and brought her some tea and dry toast. She ate and drank eagerly, and sank back on her pillow, groaning.

"Oh, I will die," she exclaimed, "since no one cares about me." Then she murmured, "No, I'll not die. He'd be glad. He would never miss me!"

"Did you want anything, ma'am?" I inquired, still keeping my calmness, in spite of her pale looks and strange manner.

"What is he doing?" she demanded, pushing the tangled hair from her wasted face.

"If you mean Mr. Linton, he's tolerably well, I think. He is continually among his books, since he has no other company."

I should not have spoken so if I had known her true condition. But I believed that she was acting illness.

"Among his books!" she cried. "And I am dying! Oh no! Does he know how I'm changed? Nelly, are you speaking the truth about him? Is he actually so utterly indifferent for my life?"

"Why, ma'am," I answered, "of course the master does not fear that you will let yourself die of hunger."

"You think not? Persuade him!" she returned. "Say you are certain I will!"

"No, you forget, Mrs. Linton," I suggested, "that you have eaten some food this evening, and tomorrow you will find its good effects."

She ate some toast, and could not bear the idea that Edgar wasn't frantic about her.

She said, "How strange! I thought, though everybody hated and despised each other, they could not avoid loving me. They have all turned to enemies in a few hours."

It became clear that Catherine was crazy, and thought she was back in her room at Wuthering Heights.

"Oh, dear! I thought I was back at Wuthering Heights," she sighed. "Because I'm weak, my brain got confused. Stay with me. I dread sleeping."

"A sound sleep would do you good, ma'am," I answered. "I hope you will not try starving again."

"Oh, if I were but in my own bed in the old

house!" she went on bitterly, wringing her hands. "And that wind sounding in the firs. Do let me feel it. It comes straight down the moor. Do let me have one breath!"

To pacify her I held the window open a few seconds. A cold blast rushed through. I closed it, and returned to my post. She lay still now, her face bathed in tears. Exhaustion had entirely subdued her. Our fiery Catherine was no better than a wailing child.

After seeing herself in a mirror, Catherine became frightened because she thought there was no mirror there. She opened the window and talked to Heathcliff as though they were children again. But Heathcliff was actually not there.

Mr. Linton entered. He had just come from the library, and had heard our talking.

"Oh, sir!" I cried, "My poor mistress is ill. I cannot manage her at all. Pray, persuade her to go to bed."

"Catherine ill?" he said, hastening over to us. "Shut the window, Ellen! Catherine!"

Edgar was very concerned for Catherine, and angry at me for not having told him what was going on.

I went to fetch a doctor and noticed that Isabella's little dog was almost dead, hanging by a handkerchief on the gate. I rescued it, and found Dr. Kenneth. He told me that he had seen Isabella walking for hours in the park with Heathcliff. Moreover, Dr. Kenneth had heard a rumor that Isabella and Heathcliff were planning to run away together.

I rushed back to the Grange and found that Isabella had indeed disappeared. A little boy told me that he had seen the girl riding away with Heathcliff. I told Edgar, hoping he would rescue his sister from her ill-considered elopement. But he coldly refused to do so.

CHAPTER 7

For two months Heathcliff and Isabella remained absent. In those two months, Mrs. Linton overcame the worst of a brain fever. No mother could have nursed an only child more devotedly than Edgar tended her. Day and night he watched her. Dr. Kenneth remarked that she had been saved from the grave but she would never really recover. Edgar was full of gratitude and joy when Catherine's life was declared out of danger.

The first time she left her chamber was at the start of March. Mr. Linton had put on her pillow a handful of golden flowers. Her eye caught them upon waking, and shone delightedly as she gathered them eagerly together.

"These are the earliest flowers at the Heights," she exclaimed. "They remind me of soft winds, and warm sunshine, and nearly melted snow. Edgar, is there not a south wind, and is not the snow almost gone?"

"The snow is quite gone, darling," replied her husband. "The sky is blue, and the larks are singing, and the brooks are all brim full. I wish you were up those hills. The air blows so sweetly, I feel that it would cure you."

"I shall be there only once more," she said, "and then I shall remain forever. Next spring you'll look back and think you were happy today."

Linton tried to cheer her. But she let the tears stream down her cheeks.

Catherine was pregnant.

I should mention that Isabella, six weeks after her departure, sent her brother a short note, announcing her marriage with Heathcliff. It appeared dry and cold; but at the bottom was written an apology.

Linton did not reply to this. Later, I got a

long letter, which was odd coming from the pen of a new bride. Isabella informed me that she had come back to Wuthering Heights. She asked in the letter whether Heathcliff were a demon or crazy, and relating her experiences. She found Wuthering Heights dirty, uncivilized and unwelcoming. Joseph was rude to her. Hareton was disobedient. Hindley was a half-crazy man. And Heathcliff treated her cruelly. He refused to let her sleep in his room, which meant she had to stay in a tiny garret.

Hindley had a pistol with a knife on it, with which he dreamed of killing Heathcliff. Isabella longed for it for the power it would have given her. She was miserable and regretted her marriage heartily:

"I hate him. I am wretched. I have been a fool! Do not utter one breath of this to anyone at the Grange. I shall expect you every day. Don't disappoint me! Isabella."

As soon as I had read this letter I went to the master. I told him about it, informing him of his sister's desire to see him, and her wish to be sent some sign of forgiveness.

"Forgiveness!" said Linton. "I have nothing to forgive her, Ellen. Call at Wuthering Heights this afternoon, if you like. And say that I am not angry, but I'm sorry to have lost her."

Mr. Edgar's coldness depressed me. And all the way from the Grange I puzzled my brains how to soften his refusal. I entered Wuthering Heights without knocking.

Hindley was not there. Mr. Heathcliff sat at a table. Isabella came forward eagerly to greet me, and held out one hand to take the expected letter. I shook my head. Heathcliff guessed the meaning of her move, and said, "If you have got anything for Isabella, give it to her."

"Oh, I have nothing," I replied, thinking it best to speak the truth at once. "My master bid me tell his sister that he sends his love, ma'am, and his wishes for your happiness." Mrs Heathcliff's lip quivered slightly. His husband took his stand on the hearthstone, near me, and began to put questions concerning Catherine.

"Mrs. Linton is recovering," I said, "she'll never be like she was, but her life is spared. And if you really have a regard for her, you won't see her again. You'll leave this country entirely. Catherine Linton is different now from your old friend Catherine Earnshaw. Her appearance is changed greatly, her character much more so."

Heathcliff said that he would not leave her to Edgar's warm care, and that she loved him much more than her husband. He said that if he had been in Edgar's place he would never have interfered with Catherine's friendships, although he would kill the friend the moment Catherine no longer cared about him.

"You suppose she has nearly forgotten me?" he said. "Oh, Nelly! You know she has not! You know that for every thought she spends on Linton she spends a thousand on me! If she did not care about me, two words would understand my future—death and hell. Edgar Linton couldn't love as much in eighty years as I could in a day. And Catherine has a heart as deep as I have. He is no dearer to her than her dog."

I urged Heathcliff to treat Isabella better, and he expressed his scorn and hatred for his wife in her presence. He said Isabella knew what he was when she married him. She had seen him hanging her pet dog. Isabella told me that she hated Heathcliff, and he ordered her upstairs so he could talk to me.

He thrust her from the room and returned muttering, "I have no pity! I have no pity! You must help me to see Catherine, and that without delay. I swear that I mean no harm. I don't desire to cause any disturbance, or to insult Mr. Linton. I only wish to hear from herself how she is, and to ask if anything that I could do would be of use to her."

"Last night I was in the Grange garden six hours," he continued, "and I'll return there tonight. I'll haunt the place till I find an opportunity of entering. If Edgar Linton meets me, I shall knock him down. If his servants oppose me, I shall threaten them off with pistols. But wouldn't it be better to prevent my meeting them? And you could do it so easily. I'd warn you when I came. And then you might let me in as soon as she was alone, and watch till I departed."

I protested, and told him it would be cruel and selfish.

"In that case I'll take measures, woman!" exclaimed Heathcliff. "Am I to fight my way to Catherine? Or will you be my friend, and do what I request? Decide!"

I argued and refused him. But in the end he forced me to agree to carry a letter to my mistress. If she agreed, I promised to let him know of Linton's next absence from home, when he might come and visit.

CHAPTER 8

The Sunday after my visit to Wuthering Heights, while most people were at church, I gave Heathcliff's letter to Catherine.

"There's a letter for you, Mrs. Linton," I said, gently putting it in her hand. "You must read it immediately, because it wants an answer. Shall I open it?"

"Yes," she answered, without looking at it.

I opened it. It was very short. Then I stood waiting till she should glance down. But she did not. At last I said, "Must I read it, ma'am? It is from Mr. Heathcliff."

She lifted the letter, and seemed to read it. When she came to the signature she sighed. But still I found she had not gathered its meaning.

"Well, he wishes to see you," said I. "He's in the garden, and impatient to know your answer."

Catherine was changed by her sickness. She was beautiful in an unearthly way and her eyes appeared always to gaze beyond, and far beyond.

I had left the door open, so Heathcliff walked in and Catherine eagerly waited for him to find the right room. Their reunion was bitter-sweet.

"Oh, Cathy! Oh, my life! How can I bear it?" was the first sentence he uttered, in a tone of despair. He stared at her earnestly. But his eyes burned with pain, not with tears.

"What now?" said Catherine, leaning back, and returning his look with a clouded brow. "You and Edgar have broken my heart, Heathcliff! You have killed me and grown strong on it! How many years do you mean to live after I am gone?"

Heathcliff had knelt to embrace her. He attempted to rise, but she seized his hair, and kept him down.

"I wish I could hold you," she continued bitterly, "till we were both dead! I care nothing for your sufferings. Why shouldn't you suffer? I do! Will you forget me? Will you be happy when I am in the earth, Heathcliff?"

"Don't torture me," he cried, wrenching his head free, and grinding his teeth.

"You know you lie to say I have killed you. Is it not enough for your selfishness, that while you are at peace I shall writhe in the torments of hell?" said Heathcliff.

"I shall not be at peace," moaned Catherine. Then she continued, more kindly:

"I'm not wishing you greater torment than I have, Heathcliff. I only wish us never to be parted. Should my words distress you hereafter, I think I feel the same distress underground, and forgive me! Come here! You never harmed me in your life. Your anger will be worse to remember than my harsh words! Won't you come here again? Do!"

"It is hard to forgive, and to look at those eyes, and feel those wasted hands," he answered. "Kiss me again. Don't let me see your eyes! I forgive what you have done to me. I love my murderer—but yours! How can I?"

They held each other closely and wept until I warned them that Linton was returning. Heathcliff wanted to leave, but Catherine insisted that he stay, since she was dying and would never see him again. He consented to stay.

Mr. Linton hastened his step at the noise. I was sincerely glad to observe that Catherine's arms had fallen relaxed, and her head hung down. She's fainted or dead, so much the better.

Linton came in, and Heathcliff handed him Catherine's body and told him to take care of her. "Unless you be a fiend, help her first. Then you shall speak to me!"

He told me he would wait outside for news of Catherine's welfare, and left.

At midnight that night, Catherine's daughter Cathy was born two months prematurely. Two hours later, Catherine died. In the morning, I sought Heathcliff to tell him the news, but he was already aware of the situation. He was angered that Catherine did not mention his name in her dying moments and was sad over losing her. He cursed her spirit while lamenting his loss.

Edgar watched over Catherine's body by day. Heathcliff watched over it by night. Heathcliff replaced a lock of Edgar's hair from the trinket around Catherine's neck with some of his own. To everyone's surprise, Catherine was buried in the churchyard, by a low wall, just several feet from the moors.

Quite unexpectedly, Isabella arrived at the Grange in a state of physical disorder. She knew better than to think Edgar will allow her to stay, so she was not seeking refuge, just help. She told me that Hindley stayed sober to attend his sister's funeral, but lost his courage and started drinking the morning of the service. When Heathcliff returned to Wuthering Heights from keeping vigil at Catherine's grave, Hindley locked him out of the house and told Isabella that he was going to kill Heathcliff. Isabella told Heathcliff of Hindley's intentions but did not allow him entrance to the house.

Heathcliff burst into the house through a window and ended up beating Hindley. The next morning Isabella accused Heathcliff of being responsible for everyone's misery. Heathcliff and Hindley began fighting again as Isabella made her escape. She left for London and ended up giving birth to a son, Linton.

Hindley died six months after Catherine's death, and I returned to Wuthering Heights to check on both funeral arrangements and Hareton. I found out that Hindley was deep in debt and that Heathcliff held the mortgage. Heathcliff refused to allow Hareton to go with me, threatening to take possession of Linton.

CHAPTER 9

Young Cathy, sporting features of both parents, grew up at the Grange. She was the most winning thing that ever brought sunshine into a desolate house. She was a real beauty, with the Earnshaws' handsome dark eyes, but the Lintons' fair skin and yellow curling hair. Her spirit was high, and her heart was sensitive and lively.

Till she reached the age of thirteen she had not once been beyond Thrushcross Park by herself. Mr. Linton would take her with him a mile or so outside, on rare occasions; but he trusted her to no one else. The chapel was the only building she had entered other than her own home. She knew nothing of Wuthering Heights and Mr. Heathcliff.

Sometimes, indeed, while watching the country from her window, she would ask, "Ellen, how long will it be before I can walk to the top of those hills? I wonder what lies on the other side—is it the sea?"

"No, Miss Cathy," I would answer, "it is hills again, just like these."

Penistone Crags particularly attracted her notice; especially when the setting sun shone on their heights.

"Now, am I old enough to go to Penistone Crags?" This was her constant question. The road there wound close by Wuthering Heights. And Edgar always answered, "Not yet, love; not yet."

Isabella wrote to Edgar, informing him of her impending death. She asked him to come to her and take Linton to the Grange, in an attempt to keep him from Heathcliff. Edgar went to her, leaving me in charge of Cathy in his absence. I must ensure that Catherine did not wander out of the park.

I entertained Cathy by indulging in imaginative adventures about the grounds.

Catherine came to me one morning, and said she

was an Arabian merchant, going to cross the Desert with his caravan; and I must give her plenty of food for herself, a horse, and three camels. I put some food in a basket beside her saddle. And she left with a merry laugh. The naughty thing never appeared at tea.

I discovered that Cathy's pony leaped the hedges this morning, heading in the general direction of Penistone Crags.

I found Cathy at Wuthering Heights. Cathy was riding toward the cave when Hareton's dogs and hers ended up getting intertwined. Hareton and Cathy spent the day together, enjoying themselves immensely—until I arrived. I insisted on getting Cathy home immediately, but she was too interested in Hareton.

"Well, Miss Cathy, if you knew whose house this is you'd be glad enough to get out."

"It's your father's, isn't it?" said she, turning to Hareton. "No," he replied, looking down, and blushing.

"Whose then—your master's?" she asked.

He coloured deeper, muttered an oath, and turned away.

Her interest vanished as soon as she found out that Hareton was not the son of the master of Wuthering Heights. She immediately assumed he was a servant, and this enraged Hareton.

A servant revealed that Hareton was Cathy's cousin. Cathy, in turn, revealed that her father was off to London to fetch her cousin.

I had hard work to make her promise not to tell her father. I explained how he objected to the whole household at the Heights, and how sorry he would be to find she had been there. But I insisted most on the fact that he might be so angry with me that I should have to leave. Cathy couldn't bear that. She pledged her word, and kept it for my sake. After all, she was a sweet little girl.

Isabella was dead. Linton arrived from London.

The travelling carriage rolled into sight. Miss Cathy screamed and stretched out her arms as soon as she saw her father's face looking from the window. Edgar stepped out. While they exchanged caresses I took a peep in at Linton. He was asleep in a corner, wrapped in a warm cloak. He was a pale and delicate boy, but looked sick.

He was too weak and sick to play with Cathy. He had to lie on a couch instead of sitting with the family during tea.

"He'll do very well," said the master to me, watching them. "Very well, if we can keep him, Ellen. The company of a child of his own age will give him new spirit."

"Ay, if we can keep him!" I mused to myself. I felt that there was little hope of that. I thought, how will that weakling live at Wuthering Heights, with Heathcliff and Hareton? What playmates and instructors they'll be.

Our doubts were soon decided. I had just taken the children upstairs to bed, and had come back down, when a maid informed me that Joseph was at the door. He wished to speak with the master.

"Good evening, Joseph," I said, coldly. "What

brings you here tonight?"

"It's Master Linton I must speak to," he answered, waving me aside.

"Mr. Linton is going to bed. Unless you have something particular to say, I'm sure he won't hear it now," I continued. "You had better entrust your message to me."

"Which is his room?" he pursued, surveying the range of closed doors.

Reluctantly I went to the library. Edgar Linton was silent a minute. Sorrow overcast his features. Recalling Isabella's anxious wishes for her son, he grieved bitterly. There was nothing left but to yield. However, he was not going to rouse him from his sleep.

"Tell Mr. Heathcliff," he answered calmly, "that his son shall come to Wuthering Heights tomorrow. He is in bed, and too tired to travel now. You may also tell him that Linton's mother desired him to remain under my guardianship. At present, his health is in danger."

"No!" said Joseph. "Heathcliff will have his lad.

And I must take him!"

"Not tonight!" answered Linton decisively. "Walk downstairs at once, and repeat to your master what I have said. Ellen, show him down. Go!"

The next morning, I took Linton to Wuthering Heights.

"Is the little girl to go with us?" he demanded. "Not now," I replied. "I shall be your companion."

Linton sank back on his pillow. "I won't go without uncle," he cried. He obstinately resisted any progress towards dressing, until I had to call for my master's help. He was assured that his absence should be short, and that Mr. Edgar and Cathy would visit him. And I invented other promises on the way.

After a while he began to ask about his new home.

"Is Wuthering Heights as pleasant as Thrushcross Grange?"

"It is not so buried in trees," I replied, "nor so large, but you can see the country beautifully all round. And the air is healthier—fresher and drier. You may think the building old and dark at first; but it is a respectable house. Hareton Earnshaw—Miss Cathy's other cousin—will show you all the sweetest spots. And you can bring a book in fine weather. Your uncle may sometimes join you in a walk."

"What is my father like?" he asked. "Is he as young and handsome as uncle?"

"He's as young," said I, "but he has black hair and eyes, and looks sterner. And he is taller and bigger altogether. He'll not seem to you so gentle and kind at first, perhaps. But be frank and cordial with him, and he'll be fonder of you than any uncle, for you are his own."

"Black hair and eyes!" mused Linton. "I can't imagine him. Then I am not like him, am I?"

We halted at the garden-gate and I opened the door. The family had just finished breakfast.

"Hello, Nelly!" said Mr. Heathcliff, when he saw me. "I feared I should have to come down and fetch my property myself. You've brought it, have you? Let us see it."

He got up and strode to the door. Hareton and Joseph followed. Poor Linton ran a frightened eye over their faces.

Heathcliff uttered a scornful laugh. "What a beauty! What a lovely, charming thing!"

I told the trembling and bewildered child to enter. He did not understand his father's speech. Indeed, he was not yet certain that the grim stranger was his father. But he clung to me. When Mr. Heathcliff told him to "come here" he hid his face on my shoulder and wept.

Although Heathcliff readily admitted he did not love his son, he enjoyed the opportunity to gain access of the Grange through him.

I slipped out. But as I closed the door, I heard a frantic cry:

"Don't leave me! I'll not stay here!"

CHAPTER 10

Time wore on at the Grange in its pleasant way till Miss Cathy reached sixteen. We did not rejoice on her birthday, because it was also the anniversary of my late mistress's death. Her father always spent that day alone in the library; and walked, at dusk, to Gimmerton churchyard. So Catherine had to amuse herself.

It was a beautiful spring day. When her father had retired, my young lady came down dressed for going out. She asked to have a walk on the edge of the moor with me. Mr. Linton had given her leave, if we were back within the hour.

She bounded before me like a young greyhound. At first, I found plenty of entertainment in listening to the larks singing, and enjoying the sweet, warm sunshine; and watching her, my pet and my delight, with her eyes radiant with cloudless pleasure. She was a happy creature, and an angel, in those days.

I shouted to her, as she was far ahead. She either did not hear or did not care. She sprang on, and I had to follow, until we were near Wuthering Heights. Finally, she dived into a hollow. When I caught sight of her again, I saw a couple of people stop her. I felt convinced that one of them was Mr. Heathcliff himself.

While speaking with Heathcliff, Cathy noticed Hareton and remarked that she had met him before. Heathcliff could not respond to that, but he did mention that she had met his son before and encouraged Cathy and I to visit his house.

I knew that this was not a good idea. But I was unable to convince Cathy not to go because Cathy was eager to determine who Heathcliff's son was. Heathcliff mentioned to me his desire to have the cousins fall in love and get married. When Cathy and Linton did meet, they did not recognize each other at first. Although Linton was now taller than Cathy was, he was still quite sickly.

"Have you nothing to show your cousin anywhere, not even a rabbit? Take her into the garden, before you change your shoes; and into the stable to see your horse." Heathcliff was looking at Linton.

"Wouldn't you rather sit here?" asked Linton, addressing Cathy.

"I don't know," she replied, casting a longing look towards the door, and eager to be active.

He shrank closer to the fire. Heathcliff rose, and went into the yard, calling out for Hareton.

"Oh, uncle," cried Miss Cathy. "That is not my cousin, is he?"

"Yes," Heathcliff replied, "your mother's nephew. Don't you like him? Is he not a handsome lad?"

Then he exclaimed to Hareton:

"Go with her round the farm. And behave like a gentleman, mind! Don't use any bad words. And don't stare, speak slowly, and keep your hands out of your pockets."

He watched the couple walking past the window.

"I've tied his tongue," observed Heathcliff. "He'll not say a single word now! Nelly, when I was his age, did I ever look so stupid?"

"Worse," I replied, "because more sullen."

Heathcliff chuckled an evil laugh. I made no reply. Meantime, young Linton, who sat too far from us to hear what was said, began to show uneasiness. He glanced restlessly towards the window.

"Get up, you idle boy!" Heathcliff exclaimed, with assumed heartiness. "Away after them!"

Linton gathered his energies, and left the hearth.

As Heathcliff left, I heard Cathy mock Hareton's inability to read.

The next day, Cathy revealed everything about her visit to her father. Edgar tried to explain to Cathy why he kept her from her cousins and her uncle, but she did not understand his reasoning. Edgar also commanded his daughter not to have any contact with Linton. This upset Cathy greatly. She began to have a secret, letter-writing relationship with Linton. I discovered what Cathy had been doing and destroyed Linton's letters to Cathy. But I did not tell Edgar.

Next morning I answered the letter by a slip of paper: "Master Heathcliff is requested to send no more notes to Miss Linton, as she will not receive them."

CHAPTER
11

Summer drew to an end, and autumn came. Harvest was late that year. Mr. Linton and his daughter would often walk out among the reapers. Once they stayed till dusk, and the evening was chill and damp. My master caught a bad cold that kept him indoors all winter. During the winter, Cathy had little time to think of Linton because she was nursing her father. She thought he was dying.

On a fresh afternoon in October, the paths were rustling with withered leaves, and the cold blue sky was half hidden by rain-clouds. My young lady still insisted on her walk. So I unwillingly took my umbrella to accompany her on a stroll to the bottom of the park.

As we talked, we neared a door that opened on the road. Cathy climbed up and sat on top of the wall. She tried to reach over to gather some roses. In stretching to pick them, her hat fell off. As the door was locked, she proposed climbing down to recover it. I told her to be careful, and she nimbly disappeared.

But the return was no such easy matter. The stones were smooth. I heard her laughing and exclaiming, "Ellen! You'll have to fetch the key. I can't climb on this side!"

While I searched for a key to open the gate, Heathcliff appeared. He chided Cathy for writing letters to Linton for a few months and then suddenly stopping. He claimed that she was playing games with Linton's affection and that he was now dying of a broken heart. Heathcliff told Cathy that he would be away for a week.

Heathcliff pushed his horse close. He bent down and said, "Miss Catherine, be generous, and go to see him. He dreams of you day and night. He thinks you hate him since you neither write nor call."

The rain began to drive through the moaning branches. As we hurried home, we did not talk about the encounter with Heathcliff. But I guessed that Catherine's heart was clouded now in double darkness. Cathy felt extremely guilty about what Heathcliff had told her. Next day I went to Wuthering Heights beside my young mistress's pony. I couldn't bear to see her sorrow and I yielded.

It was a misty morning, half frost and half drizzle. Temporary brooks crossed our path, until my feet were thoroughly wetted. I was cross and low. We entered Wuthering Heights by the kitchen. Mr. Heathcliff was really absent.

Linton was more pathetic than ever. He complained about the servants and complained to Cathy, first for not visiting, and then for writing instead of visiting.

"And are you glad to see me?" asked she.

"Yes, I am. It's something new to hear a voice like yours!" he replied. "But I have been upset, because you wouldn't come. And papa swore it was because I was a pitiful, worthless thing. He said you despised me. But you don't despise me, do you?"

"Despise you? No! Next to papa and Ellen, I love you better than anybody living. I don't love Mr. Heathcliff, though. Will he stay away many days?"

"Not many," answered Linton, "but he goes on to the moors frequently, to shoot. You might spend an hour or two with me then. Do say you will. And you'd always be ready to help me, wouldn't you?"

"Yes," said Catherine, stroking his long soft hair, "if I could only get papa's consent, I'd spend half my time with you. Pretty Linton! I wish you were my brother."

"Papa says you would love me better than your father, if you were my wife. So I'd rather you were that."

"No, I should never love anybody better than papa," she returned gravely. "And people hate their wives, sometimes; but not their sisters and brothers."

Linton denied that people ever hated their wives. But Cathy affirmed they did, and instanced his own father's aversion to her aunt.

"Papa told me. Papa does not tell falsehoods," she answered.

"My papa calls yours a sneaking fool!" cried Linton.

"Yours is a wicked man," retorted Catherine.

"Well, I'll tell you something!" said Linton. "Your mother hated your father."

"Oh!" exclaimed Catherine, enraged.

"And she loved mine," added he.

"You little liar! I hate you now!" she panted, and her face grew red with passion. Cathy gave his chair a violent push, and caused him to fall against one arm. He was immediately seized by a choking cough. It lasted so long that it frightened even me.

"How do you feel now, Master Heathcliff?" I inquired.

He sighed and moaned like one under great suffering, and kept it up for a quarter of an hour.

"I'm sorry I hurt you, Linton," she said at length. "But I had no idea that you could be hurt by that little push. You're not much hurt, are you, Linton? Speak to me!"

"I can't speak to you," he murmured. "I shall lie awake all night choking with this cough." And he began to wail aloud in self-pity.

"Must I go?" asked Catherine sadly. "Do you want me to go, Linton?"

"Let me alone, at least," said he, "I can't bear your talking."

She lingered for a while. As he neither looked up nor spoke, she finally moved towards the door, and I followed.

We reached home before dinner-time. I hastened to change my soaked shoes and stockings. But on the next morning I caught a cold. For three weeks I was unable to attend to my duties.

My little mistress behaved like an angel in waiting on me, and cheering my solitude. The moment she left Mr. Linton's room she appeared at my bedside. Her day was divided between us. She neglected her meals, her studies, and her play. And she was the fondest nurse that ever watched.

But after six o'clock, the evening was her own. I

never considered what she did with herself after tea. And frequently, when she looked in to bid me good-night, I remarked a fresh colour in her cheeks. I laid it to the charge of a hot fire in the library, rather than a cold ride across the moors.

CHAPTER 12

After I recovered, I noticed that Cathy was exciting in the evening. Cathy pretended to retire early. When I could not find her anywhere in the house, I waited in Cathy's room for her to return. Cathy attempted a feeble lie at first but soon admitted the truth. "I've been to Wuthering Heights, Ellen."

On one of her visits, Hareton stopped her and told her that he could read the name above the door. However, Cathy asked if he knew the numbers. When he admitted he did not, she again made fun of him. This enraged Hareton. During her visit with Linton, Hareton stormed into the room and forced Linton upstairs. Later Hareton attempted to apologize to Cathy, but she refused to listen to him.

Cathy visited three days later. But Linton blamed her for the previous trouble, so she left. When she returned two days later, she told Linton this was her last visit.

"As you don't like me, Linton, and as you think I come on purpose to hurt you, this is our last meeting. Let us say good-bye. And tell Mr. Heathcliff that you have no wish to see me."

"Sit down, Catherine," he answered. "You are so much happier than I am, you ought to be better. Papa shows so much scorn of me, that I doubt my own worth. And I feel so cross and bitter. I hate everybody! I am bad in temper, and bad in spirit, almost always. And, if you choose, you may say good-bye. Only, Catherine, do believe that your kindness has made me love you deeper. Though I cannot help showing my nature to you, I regret it and repent it. I shall regret and feel sorry till I die!"

I listened to Cathy's tale, and then immediately told Edgar everything. Mr. Linton was alarmed and distressed. In the morning, Catherine learnt of my betrayal. She learnt also that her secret visits were to end.

In vain she wept. All she got to comfort her was a promise that her father would write and allow Linton to come to the Grange.

Cathy obeyed her father's wishes. I told Edgar that Linton was of weak health. Edgar admitted that he feared for Cathy's happiness. He even conceded that if marrying Linton would make Cathy happy, he would be in favor of it, even though it meant Heathcliff would get what he wanted.

Linton never visited the Grange. After much pleading, Edgar allowed Cathy to visit with Linton on the moors.

At the time of the first scheduled meeting on the moors, Linton was not at the agreed-upon spot. Rather, he was quite close to Wuthering Heights. Both Cathy and I were concerned about Linton's health, but he insisted that he was getting stronger. During the entire visit he was nervous and scared and was constantly looking back towards his house. When it was time to leave, Cathy assured Linton that she promised to meet him again next Thursday.

During the week that followed, Edgar's health continued to worsen. So Cathy was forced to ride to meet Linton. During the visit, Heathcliff arrived and demanded to know if Edgar was truly dying. Heathcliff was worried that Linton might die before Edgar did.

Heathcliff asked Cathy to walk her cousin back to Wuthering Heights. Although she meekly reminded Heathcliff that she was forbidden from visiting the farmhouse, Cathy disobeyed her father's instructions. Linton's cries of anguish and Heathcliff's rage toward Linton convinced Cathy and me to accompany them.

When we were inside, Heathcliff imprisoned us. He would not release her until after Cathy and Linton were married.

"If I stay, papa will be miserable. Mr. Heathcliff, let me go home!" said Cathy. "I promise to marry Linton. Papa would like me to and I love him. Why should you wish to force me to do what I'll willingly do of myself?"

"Silence!"said Heathcliff. "I don't want you to

speak. Miss Linton, I shall enjoy myself remarkably in thinking your father will be miserable. As to your promise to marry Linton, I'll take care you shall keep it; for you shall not quit this place till it is fulfilled."

Heathcliff locked Cathy and me in a bedroom overnight. In the morning he freed Cathy from the room, but I was held prisoner for five days. I only saw Hareton, who served as my jailer.

Zillah entered the bedroom on the fifth morning of my imprisonment. She told me that the village gossip had both Cathy and I being lost in the marshes. I found Linton and he told me that Cathy was being held prisoner and could not be released. Unable to get Cathy free and unwilling to face Heathcliff, I returned to the Grange.

I assured Edgar that Cathy was safe and would be home soon. I also dispatched servants to Wuthering Heights to bring Cathy home. The servants returned empty-handed. Edgar sent for Mr. Green, a lawyer, to change his will.

At three o'clock, a sharp knock at the front door made me jump.

"Oh! It is only Green," I said. But it was not the lawyer. My own sweet little mistress sprang on my neck sobbing, "Ellen, Ellen! Is papa alive?" With Linton's help, Cathy had escaped.

"Yes," I cried, "yes, my angel, he is. Thank goodness, you are safe with us again!"

Edgar and Cathy were reunited. Catherine's despair was as silent as her father's joy. She supported him calmly. And he gazed at her with eyes full of joy.

Edgar died blissfully. Kissing her cheek, he murmured, "I am going to her. And you, darling child, shall come to us!" He never stirred or spoke again till his pulse stopped and his soul departed.

Later that evening, Mr. Green arrived and immediately took charge of the Grange. He dismissed all the servants except me. He attempted to have Edgar buried in the chapel, but I knew that Edgar's will was to be buried next to his wife. Cathy was permitted to stay at the Grange until after her father's burial.

CHAPTER 13

Heathcliff arrived to escort Cathy home. He informed her that he punished Linton for his role in Cathy's escape. He refused to allow Cathy to live at the Grange. "I come to fetch you home; and I hope you'll be a dutiful daughter."

"Why not let Catherine stay here," I pleaded, "and send Master Linton to her? You'd not miss them."

"I'm seeking a tenant for the Grange," he answered, "I want my children about me. Besides, that lass owes me her services for her bread. I'm not going to keep her in luxury and idleness after Linton is gone. Make haste and get ready, now."

"I shall," said Catherine. "Linton is all I have to love in the world. Though you have tried to make us hate each other, you cannot do it. And I defy you to hurt him when I am by. I defy you to frighten me!"

"You are a boastful champion," replied Heathcliff. "It is not I who will make him hateful to you—it is his own sweet spirit."

"I know he has a bad nature," said Catherine. "He's your son. But I know he loves me, and for that reason I love him. Mr. Heathcliff, you have nobody to love you. However miserable you make us, we shall still have the revenge of thinking that your cruelty arises from your greater misery. You are miserable, are you not? Lonely, like the devil, and envious like him? Nobody loves you—nobody will cry for you when you die! I wouldn't be you!"

Catherine spoke with a kind of sad triumph. She seemed to have made up her mind to enter into the spirit of her future family, and draw pleasure from the grief of her enemies.

As Catherine was packing her things, Heathcliff confessed to me that he believed in ghosts, particularly the ghost of Catherine. Ever since her burial 18 years ago, he had been feeling her presence and seeing her.

Meanwhile Catherine entered, announcing that she was ready to leave.

"Good-bye, Ellen!" whispered my dear little mistress. As she kissed me, her lips felt like ice. "Come and see me, Ellen. Don't forget."

"Do no such thing, Mrs. Dean!" said her new father. "When I wish to speak to you I'll come here. I want none of your prying at my house!"

I had not seen her since she left. When I called at the Heights to ask after her, Joseph wouldn't let me pass. He said Mrs. Linton was busy, and the master was not in. Zillah had told me about them, otherwise I should hardly know who was dead and who was living. The day Linton died, Cathy tended to him herself.

Mrs. Dean has finished her story. I was rapidly recovering strength. Though it was only the second week in January, I proposed getting out on horseback and riding over to Wuthering Heights to inform my landlord that I should spend the next six months in London. I would not pass another winter here for much.

CHAPTER 14

Yesterday was bright, calm, and frosty. I went to the Heights as I proposed. My housekeeper asked me to take a note from her to her young lady, and I agreed.

Hareton took the note at first. But he noticed Cathy's tears, and returned it to her. She in turn still treated him coolly and made fun of his attempts at reading. Embarrassed, Hareton flinged his books into the fire.

When Heathcliff returned, he commented that Hareton favored Catherine more and more each day. This was something Heathcliff did not foresee and seemed to disturb him. Now, in addition to the memories of his lost love, Heathcliff must also deal with Hareton's resemblance to his Aunt Catherine. Both the memories and physical reminder were beginning to take their toll on Heathcliff.

With Mr. Heathcliff, grim on the one hand, and Hareton, dumb on the other, I made a cheerless meal, and said goodnight. I would have departed by the back way, to get a last glimpse of Catherine. But Hareton had orders to bring my horse. My host himself escorted me to the door, so I could not fulfill my wish.

"How dreary life gets in that house!" I reflected, while riding down the road.

Six months later, I was in the area and returned to the Grange, only to find that Nelly was now living at Wuthering Heights. I travelled there, and Nelly told me what had happened since I left.

Two weeks after you departed from the Grange, Mrs. Dean said, I was summoned to Wuthering Heights to be Cathy's companion because Zillah had left. While I was there, Cathy admitted to me that she was wrong to have made fun of Hareton. Hareton avoided Cathy, and Heathcliff withdrew from everyone.

After Hareton accidentally shot himself, he had to stay inside. Cathy and Hareton finally made up and agreed to be cousins. As a peace offering, Cathy wrapped up a book and had me present it to Hareton. If he accepted the book, Cathy would teach him to read and vowed never to tease him again.

At breakfast the next morning, Hareton took Cathy's side in an argument against Heathcliff. Heathcliff was about to strike her. But as he looked into Cathy's eyes, he controled himself. Later that night, he saw Hareton and Cathy sitting together. Cathy's eyes and Hareton's entire being reminded him of Catherine. At this moment, Heathcliff admitted to me that he did not have the desire to complete his revenge. Everywhere at Wuthering Heights, Heathcliff was being constantly reminded of Catherine. This was tormenting him.

Heathcliff continued to seek solitude and only ate once a day. One night, a few days later, he left and was out all night. When he returned in the morning, Cathy remarked that he was actually quite pleasant. He rejected all food. When I tried to encourage him to send for a minister, he laughed at me and reminded me of his burial wishes. Later, I sent for the doctor, but Heathcliff refused to see him. The following night, I found Heathcliff's dead body. Hareton was the only one to mourn Heathcliff's dying. They buried Heathcliff according to his wishes.

But the country folks would swear that he walked. There were those who spoke of having met him near the church, and on the moor, and even within this house. That old man in the kitchen affirmed he had seen Heathcliff looking out his chamber window on every rainy night since his death.

有声双语经典

地心游记	A Journey to the Center of the Earth
海底两万里	20,000 Leagues Under the Sea
爱丽丝漫游奇境	Alice's Adventures in Wonderland
野性的呼唤	The Call of the Wild
圣诞颂歌	A Christmas Carol
基督山伯爵	The Count of Monte Cristo
福尔摩斯探案	The Adventures of Sherlock Holmes
伊索寓言	Aesop's Fables
绿山墙的安妮	Anne of Green Gables
海蒂	Heidi
巴黎圣母院	The Hunchback of Notre Dame
简·爱	Jane Eyre
格林童话	Grimm's Fairy Tales
雾都孤儿	Oliver Twist
秘密花园	The Secret Garden
奇幻森林	The Jungle Book
小妇人	Little Women
傲慢与偏见	Pride and Prejudice
绿野仙踪	The Wonderful Wizard of Oz
隐身人	The Invisible Man
大卫·科波菲尔	David Copperfield
三个火枪手	The Three Musketeers
金银岛	Treasure Island
哈克贝利·费恩历险记	The Adventures of Huckleberry Finn
鲁滨逊漂流记	The Adventures of Robinson Crusoe
汤姆·索亚历险记	The Adventures of Tom Sawyer
远大前程	Great Expectations
彼得·潘	Peter Pan
双城记	A Tale of Two Cities
柳林风声	The Wind in the Willows
小王子	The Little Prince

一千零一夜	Tales from the Arabian Nights
安徒生童话	Andersen's Fairy Tales
希腊神话和传说	Favorite Greek Myths
老人与海	The Old Man and the Sea
木偶奇遇记	The Adventures of Pinocchio
风中奇缘	The Story of Pocahontas
堂吉诃德	Adventures of Don Quixote
飞鸟集	Stray Birds
王子与贫儿	The Prince and the Pauper
快乐王子	The Happy Prince and Other Stories
格列佛游记	Gulliver's Travels
麦琪的礼物	The Gift of the Magi and Other Stories
昆虫记	Insect Adventures
莎士比亚悲剧故事	Tragedies from Shakespeare
莎士比亚喜剧故事	Comedies from Shakespeare
妈妈的银行账户	Mama's Bank Account
流萤集	Fireflies
花木兰	Hua Mulan
爱的教育	Cuore: The Heart of a Boy
伊利亚特	Iliad
奥德赛	Odyssey
呼啸山庄	Wuthering Heights

图书在版编目（CIP）数据

呼啸山庄 : 汉英对照 / (英) 艾米莉·勃朗特 (Emily Brontë) 著 ; 许丹译. -- 南京 : 译林出版社, 2025. 3. -- (有声双语经典). -- ISBN 978-7-5753-0337-8

I. H319.4

中国国家版本馆CIP数据核字第20241R836Z号

Wuthering Heights, original text by Emily Brontë, adapted by T. Zane

呼啸山庄　[英国] 艾米莉·勃朗特 / 著　T.赞恩 / 改写　许　丹 / 译

责任编辑　田　智
装帧设计　侯海屏
校　　对　施雨嘉
责任印制　董　虎

出版发行　译林出版社
地　　址　南京市湖南路 1 号 A 楼
邮　　箱　yilin@yilin.com
网　　址　www.yilin.com
市场热线　025-86633278
排　　版　南京展望文化发展有限公司
印　　刷　江苏凤凰新华印务集团有限公司
开　　本　850 毫米 ×1168 毫米　1/32
印　　张　6.125
插　　页　4
版　　次　2025 年 3 月第 1 版
印　　次　2025 年 3 月第 1 次印刷
书　　号　ISBN 978-7-5753-0337-8
定　　价　32.00 元